中外巨人传

# 郑 板 桥

刘英浩　著

辽海出版社

**图书在版编目（CIP）数据**

郑板桥 / 刘英浩 著. —沈阳：辽海出版社，2014.8
ISBN 978-7-5451-3047-8

Ⅰ．①郑…　Ⅱ．①刘…　Ⅲ．①郑板桥（1693～1765）—评传
Ⅳ．①K825.72

中国版本图书馆 CIP 数据核字（2014）第 167213 号

责任编辑：柳海松
责任校对：顾　季
装帧设计：马寄萍

出 版 者：辽海出版社
　　地　　址：沈阳市和平区十一纬路 25 号
　　邮　　编：110003
　　电　　话：024-23284473
　　E-mail:dyh550912@163.com
印 刷 者：天津海德伟业印务有限公司
发 行 者：辽海出版社

幅面尺寸：165mm×230mm
印　　张：11
字　　数：115 千字

出版时间：2016 年 5 月第 1 版
印刷时间：2019 年 1 月第 2 次印刷
定　　价：25.00 元

# ● 目 录 ●

# 引 言

郑板桥，名燮，字克柔，自号板桥居士。清扬州府兴化县人（今江苏省兴化市）。清中叶著名的文学家与书画家。出生于一个没落的书香世家。少年时随父学习，读书刻苦，聪颖过人，后拜同邑陆震学填词。三十岁时往扬州卖画，四十岁中举人，四十四岁成进士，五十岁得一七品官职，为官山东十二年，做过范县、潍县的知县，有惠声惠政。后罢官归隐，晚年以卖画为生，最后终老扬州。

郑板桥历经康熙、雍正、乾隆三朝，自称是"康熙秀才、雍正举人、乾隆进士"。他是清中叶的一个文艺全才，生前刻有《诗钞》《词钞》《与舍弟书十六通》《道情十首》并行于世。善诗，其诗有性情，言情叙事，悱恻动人，又不拘于一格，具有性灵之光；善书，其书有别致，自创"六分半书"，有"乱石铺街"之妙，被人称为"板桥体"；善画，其画有别趣，工画兰竹，多不乱，少不疏，脱尽时习，妙绝时人。其词慷慨激昂，其家书忠厚恳挚，其道情恬淡洒脱，都有很高的价值。

郑板桥还是"扬州八怪"之一，是"扬州八怪"中最具有个性的人物。他生性旷达，为人洒脱，有"使酒骂座""目无卿相"之狂名，有"掀天揭地""震电惊雷"之"怪"名。谈则"呵神骂鬼"，画则"无古无今"，成为"扬州八怪"中的领军人物。他奉行的"难得糊涂""吃亏是福"是我们熟知的名言，体现了他对人生的独特感悟。他是一个家喻户晓的人物，为中国文化史的发展画下了浓墨重彩的一笔。

# 第一章　郑板桥的生平

地处江苏省中部的兴化市，东邻东台市、大丰区，南接泰州姜堰区，西毗高邮市、宝应县，北与盐城隔河，四面环水，素有"东方威尼斯"的美誉。兴化市有着深厚的历史文化底蕴，相传兴化在春秋时属吴国，战国时属楚国，为楚将昭阳的食邑，因此又有"楚水""昭阳"之称。五代时设兴化县，取兴盛教化之意。兴化在历史上出过不少杰出人物，如四大名著之一《水浒传》的作者施耐庵、明朝状元内阁首辅李春芳以及主张诗文复古的"后七子"之一宗臣等都是兴化县人，而在清代被称为"扬州八怪"之首的郑板桥更负盛名。

## 一、三十岁以前的人生

郑板桥，名燮，字克柔，号板桥，早年曾号理庵，常自称"板桥道人""板桥老人""板桥居士""橄榄轩主人"等，生于康熙三十二年十月二十五日（1693 年 11 月 22 日），卒于乾隆三十年十二月十二日（1765 年 1 月 22 日）。板桥的曾祖父名新万，字长卿，曾是庠生。祖父提，字清之，曾任儒官。父亲之本，字立

庵，号梦阳，是一个教书的先生，教过许多学生，最后都比较有成就。叔父之标，字省庵，生了一个儿子叫郑墨，字五桥，板桥刊刻的十六封家书都是写给这位堂弟的，可见二人的关系非常密切。板桥的祖籍在江西，但自先世已经久居苏州。板桥的始祖郑重一，于明初洪武年间定居扬州府高邮州兴化县（今江苏省兴化市）北城内的汪头，板桥是他的十四世孙。到了清代，隶属扬州府的兴化县内有三支姓郑的人家，其中一支称为"铁郑"，一支称为"糖郑"，一支称为"板桥郑"。"板桥郑"一支是因兴化城东门外有一座古板桥而得名，古板桥位于兴化城东门的护城河上，郑板桥就是出生在这里，属于"板桥郑"这一支，所以他自号"板桥"，后来人们都称他郑板桥。而他自称"板桥居士"或者"板桥道人"也是因为他喜欢这座木板桥的缘故。木板桥的东面有高七层的文峰塔，向西三四百步则是"后七子"之一宗臣读书及墓葬处——百花洲，板桥的父亲立庵先生曾写有一副"东邻文峰古塔，西近才子花洲"的对联贴在门上。

当时"板桥郑"的一支都比较贫苦。板桥虽然生于书香世家，但到板桥之时家道已经沦落。当时的生活来源主要是靠立庵先生教书所得，再加上雇一两个婢仆，生活上更加困难，有时甚至还要借债。他在家书《范县署中寄舍弟墨》中说："可怜我东门人，取鱼捞虾，撑船结网；破屋中吃秕糠，吸麦粥，擘取荇叶蕴头蒋角煮之，旁贴荞麦锅饼，便是美食，幼儿女争吵，每一念及，真含泪欲落也。"这段话可视作当时"板桥郑"一支贫困生活的写照。

板桥出生的那天是农历十月二十五，正是二十四节气中的小雪时节，兴化人俗称这天为"雪婆婆生日"，这是一个非常吉祥的日子，正是由于板桥是在这个吉祥的日子里出生的，所以板桥在长大后还专门刻了一枚印章叫"雪婆婆同生日"，并引此为荣。板桥出生后，他的父亲立庵先生给其取名为燮，字克柔，这个名字源自《尚书·洪范》中的"燮友柔克"，"燮"有谐和、平顺之意，是希望板桥一生都随和平顺。板桥是独生子，所以他的家人对他倍加呵护，为了让板桥能够健康成长，打算给他取一个比较俗贱的小名，以求避免阎王爷对"贵子"的注意，又因为他脸上有几颗淡淡的麻点，所以有了"麻丫头"的小名，板桥后来刻了一枚"麻丫头针线"的印章，以表示纪念。

板桥的外祖父叫汪翊文，是乡里的有名之士，奇才博学，但隐居不仕。板桥在《自叙》中曾说，自己的文学天分受到外祖家的影响居多。板桥的母亲汪氏是独生女，端庄贤惠，聪慧过人，可算是大家闺秀。不幸的是，在板桥三岁的时候因病离他而去，三岁丧母，使板桥丧失了母爱。他在三十岁时曾作《七歌》回忆当时"登床索乳抱母卧，不知母殁还相呼。儿昔夜啼啼不已，阿母扶病随啼起。婉转噢抚儿熟眠，灯昏母咳寒窗里"的情境，可见他的悲苦与辛酸。后来板桥的父亲又继取郝氏，郝氏持家约有十年，于康熙四十五年（1706）不幸离世，这时板桥十四岁，又一次不幸的降临，使板桥的心灵再次遭受打击，后作《七歌》诗中有"无端涕泗横阑干，思我后母心悲酸。十载持家足辛苦，使我不复忧饥寒"之句，表示对后母的怀念。

板桥三岁丧母后，由乳母费氏养育，费氏是他祖母蔡氏的侍婢，具有中国妇女勤劳、善良的美德。当时正值饥荒之年，板桥家生活更加困难，请不起仆人，但是费氏并没有离去，而是继续抚养板桥，每天早晨费氏从家吃完饭，再来到板桥家，背起板桥到城东门，用一个铜钱买一个饼放在他的手上，然后再去做其他的事。如果有带鱼的饭或新鲜的瓜果蔬菜，必先让板桥先吃，然后他们自家的人才吃。后来费家的生活实在难以维持，费氏的丈夫想要外出求生，但费氏却不忍心告诉板桥家，眼里常含着泪水。每天费氏到板桥家取来板桥祖母的旧衣服捣洗缝补，把水缸里的水挑满，又买了数十捆柴放在灶下，过了几天就悄悄地走了。板桥早晨起来，到费氏的屋里一看已经空无一人，几张桌椅横放其中，看到灶中的火还温热，打开锅一看，有一碗饭与一碟菜，这些都是费氏平常给板桥准备的，板桥见此痛哭不已，不能下咽。过了三年，也许是生活好转，费氏又回来了，继续侍奉板桥的祖母蔡氏，也继续抚养着板桥，对他倍加关爱。后来费氏的儿子做了官，曾经多次迎接她要供养她，但是费氏却没有去，而是继续留在板桥家，就是因为板桥的祖母和板桥的缘故。板桥四十多岁中了进士之后，当时费氏还在，她非常高兴地说道："我抚养幼主成名，儿子又做了八品官，这一生也没有什么遗憾的了。"费氏七十六岁去世，板桥非常伤心难过，曾作《乳母诗》称："平生所负恩，不独一乳母。长恨富贵迟，遂令惭恶久。黄泉路迂阔，白发人老丑。食禄千万钟，不如饼在手。"表达了板桥对乳母的感恩之情。

　　板桥的父亲立庵先生是一个廪生，廪生是明代科举考试的一种生员名目，科举考试名列一等的秀才称为廪生，清代沿袭了明代的这种制度，科举考试中也设有廪生的名目。廪生每个月都有廪膳，即生活补助，板桥的父亲即能享受这种待遇。板桥的父亲以教书为生，每月又有补助，才得以维持整个家庭的生活。立庵先生开馆教学，而且品学兼优，板桥幼时随他学习。他的父亲教他《四书》《五经》，又教他作诗联对，以及练字等一些必修课，为板桥打下了良好的基础。

板桥年幼之时，没有什么过人之处，又因脸上有麻点，容貌稍难看，很多人都瞧不起他，而且又自负好说大话，又好骂人，骂人的时候也不择对象，所以当时的长辈都不喜欢他，并告诫自家的子弟不要与他往来。然而，板桥读书却是很刻苦的。他每读一本书，一定要读上百遍、千遍。在船上、马上、被窝中都不忘记读书，甚至在吃饭的时候因为读书而忘记了使用筷子，或者是面对客人时不注意对方讲了什么，也不知道自己在说什么，只是专心默诵他看过的书，这么刻苦地读书又有什么记不下来的呢？别人说板桥读书是因为记忆力好，然而板桥读书不仅仅是因为记忆力好，还因为他善于读书，而且所用的方法也很独特。板桥每读一本书，都要深入细致地钻研，由浅入深，由低向高，由近到远，去探索古人文章中深奥的含义，并且能够有自己独立的见解，不随便附和他人。他喜欢阅读的有史书、诗文集、词集以及传奇小说等通俗著作等。他特别喜欢读杜甫、白居易、陆游的诗，并且在后来的诗作中，也多受到杜甫、白居易诗歌中现实主义的影响。另外，由于他多与底层人民接触，所以他的诗中多反映底层人民的生活状况，并对他们给予同情。

到了十二岁左右时，板桥曾到过真州的毛家桥学习，他在后来的《为马秋玉画扇》题词中说道："余少时读书真州之毛家桥，日在竹中闲步。潮去则湿泥软沙，潮来则溶溶漾漾，水浅沙明，绿荫澄鲜可爱。时有鲦鱼数十头，自池中溢出，游戏于竹根短草之间，与余乐也。"可以看出，板桥在真州毛家桥学习的时候度过了一段快乐的时光，也就是在这时培养了他画画的兴趣，尤其是对画竹的兴趣。

到了十六岁的时候，板桥拜同乡陆震为师，跟他学习填词，同学的人还有王国栋、顾于观等人，后来都有所成就。陆震字仲子，一字种园，别号榕村、北郭生，生于清康熙十年（1671）。陆震是当时兴化县比较有名的人，也是一个性格比较怪的人，据《重修兴化县志》记载："（陆震）少负才气，傲睨狂放，不为龊龊小谨。"而且淡泊名利，擅长古文及行草书。他非常喜欢饮酒，没钱买酒的时候就拿写字的笔去换酒喝，后来有人向他索字，就拿钱替他把笔给赎了回来。陆震对板桥的影响很大，板桥性格中所形成的狂与怪的一面也多是受到他的影响。不仅是在性格上，在作诗、作词等方面也受到他的影响。陆震的词，慷慨激昂，清脱狂怪，流畅明快，情真意切，板桥在词中所呈现出的那种奇绝的语言以及对自身遭遇不平的情感宣泄，多是受到陆震词风的影响。板桥在《词钞》中刊有陆震的两首词，其影响可见一斑。板桥后来曾作《七歌》言："种园先生是吾师，竹楼桐峰文字奇，十载乡园共游憩，壮心磊落无不为。二子辞家弄笔墨，片语干人气先塞。先生贫病老无儿，闭门僵卧桐阴北。呜呼！七歌兮浩纵横，青天万古终无情！"诗中追忆他与同学从陆震学词的时光，十载共游，壮心磊落，并感概陆震晚年贫病无儿的不幸，表达了他的悲伤之情。

康熙五十三年（1715），板桥二十二岁，他开始自学画画。康熙五十四年（1715），二十三岁的板桥与同邑的徐氏结婚，约于第二年考中秀才，也就是在这一年清代著名诗人袁枚出生，两人后来交游，并有诗相赠，在扬州见过一面，有惺惺相惜之意。二十六岁时，他的堂弟郑墨出生了，郑墨是他的叔叔省庵的儿子，比

板桥小二十多岁。由于郑家在板桥这一代人丁不旺，板桥是独苗，所以他的叔叔对板桥视如己出，对板桥非常好，板桥有诗称："有叔有叔偏爱侄，护短论长潜覆匿。倦书逃药无事无，藏怀负背趋面逸。"可见他的叔叔对他的偏爱，省庵先生晚年才得郑墨，而且郑墨也是独苗，所以板桥待他如亲兄弟一般。

板桥考中秀才后，他的生活境况并没有多大改变，生活依旧很困难。又婚后不久育有一儿二女，他的父亲又年老体迈，板桥不得不担负起一家的生计。而面对生活的困境，板桥在二十六岁时开始了他的教馆生涯。所谓教馆即私塾，私塾是私学的一种。清代学塾非常发达，遍布城乡村落。教馆的形式大致有三类，一类是地方、宗族以及私人捐款所办的，称义塾；一类是富贵之家为教育子弟聘请老师所设的，称家塾；还有一类是私人设馆收费教授学生的，称门馆、学馆、教馆、书屋或私塾，板桥的教馆形式即属于设馆收费的私塾。板桥于康熙五十七年(1718)设馆于真州之江村，真州是宋朝时的旧称，清朝时叫仪征，在当时也是一个比较繁华的地方。到这里设馆教书本是无奈之举，因为板桥要走的是一条读书做官之路，读了书就要做官，才能平步青云，一展才华，而现在却迫于生计，不得不去教书。对于坐馆教书，他觉得是很卑微的职业，后来他在做了官以后回忆这段生活的时候说："教馆本来是下流，傍人门户度春秋。半饥半饱清闲客，无锁无枷自在囚。课少父兄嫌懒惰，功多子弟结冤仇。而今幸得青云步，遮却当年一半羞。"这首诗反映了当时教馆生活的窘境，也能看出当时贫寒知识分子的生活状态。当时的教书先生这一职业被人看做是不入流的，教书的大多是一些贫寒的知识分子，如落第的秀才之类，而教馆总是傍人门户，给人寄人篱下之感，靠着一点微

薄的收入来养家，又不能得罪这些富家子弟，难免会在教书中遇到很多苦恼。板桥虽然看不起这种职业，但是还得靠其来谋生养家，心里充满了苦痛与无奈。幸而后来做了官，也算是遮却了当年的一半羞耻。

教馆的生活大多时候是比较清闲的，他在《村塾示诸徒》诗中说："飘蓬几载困青毡，忽忽村居又一年。得句喜拈花叶写，看书倦当枕头眠。萧骚易惹穷途恨，放荡深惭学俸钱。欲买扁舟从钓叟，一竿春雨一蓑烟。"诗中流露出对这种生活的厌倦，教馆之余，村中闲居，得句拈花，弄笔抒写，看书困倦，当枕即眠，总是短发萧骚，穷途易恨，且放荡不羁，有愧学钱。便欲做钓叟，撑竿泛舟，共江雨烟波，遂生隐居江湖之念，然而这只是他对现实的理想寄托。教馆生涯持续了四年，四年中也教了很多学生，后来与他往来的也不少。他在教书之余，也常作画，同时他也刻苦读书，继续为科举考试做准备。

## 二、十载扬州作画师

康熙六十一年（1722），板桥三十岁，已是而立之年。然而就在这一年，他的父亲立庵先生去世，精神上受到了打击，家境也更加困难。面对这种悲苦的境遇，发出人生的感叹，作《七歌》，其一说道："郑生三十无一营，学书学剑皆不成。市楼饮酒拉年少，终年击鼓吹笋笙。今年父殁遗书卖，剩卷残编看不快。爨下荒凉告绝薪，门前剥啄来催债。呜呼！一歌兮歌逼侧，皇遽读书读不得。"可见三十岁时板桥的状况。爨下绝薪，门前债催，为了改变这种贫困的局面，板桥不得不外出谋生。

板桥从小就喜欢画画，尤其喜欢画竹，这也与他居住的环境有关，他居住的地方四周都种有竹子，夏日阳光灿烂，绿荫之下，竹影斑驳，对此板桥产生浓厚的兴趣。在真州读书之时也培养了他这种兴趣，在教馆之余，于清秋之时，"晨起看竹，烟光日影露气，皆浮动于疏枝密叶之间，胸中勃勃遂有画意"。从小就对画画感兴趣，以及多年的练习，为板桥的绘画打下了良好的基础。

康熙六十一年十一月，康熙帝驾崩，其四子胤禛继位，是为雍正帝。雍正元年（1723），板桥到扬州卖画为生，开始了"十载扬州作画师"的生活，这也是板桥真正迈入社会的第一步。扬州自古是繁华之地，到清代时已成为江南的漕运中心，富商大贾，聚集于此。满足了物质上的追求，又追求精神上的满足，所以他们便附庸风雅，购买文人字画装饰厅堂，这也给那些"以画代耕"的贫苦文人提供了赚钱的机会。但是板桥初到扬州之时，因为没有名气，又无人推捧，他的画并不出名，也卖不了多少银钱。他在《和学使者于殿元枉赠之作》中说："十载扬州作画师，长将赭墨代胭脂。写来竹柏无颜色，卖与东风不合时。"可见当时卖画也并没有让板桥出名，卖画所得之钱也只是勉强能够养家而已。

雍正二年（1724），不幸又一次降临到板桥身上，他的儿子犉儿夭折，使板桥悲痛欲绝，板桥作《哭犉儿五首》，以表哀痛。在扬州卖画的这段期间内，板桥的画虽不出名，但是却结交了很多朋友，如后来与他并称"扬州八怪"的金农、黄慎，都是在这时相识的。然而板桥并不是一直在扬州，他除来往于兴化与扬州之间还到过很多地方，交识了很多朋友。雍正二年，板桥出游江西，结识无方上人。雍正三年（1725），板桥进京寻求发展机会，在慈宁寺居住，结交了慎郡王允禧。因在京师不得志，落拓而归。雍正五年（1727），客居南通州（今南通市）。雍正六年（1728），郑板桥回到家乡兴化，为了参加乡试，刻苦读书于兴化天宁寺。与他同读的有陆白义、徐宗于，他们曾比赛默写《四书》，用了不到两个月的时间就全部默写下来，而且没有一处错的地方，其读书用功程度可想而知。

雍正七年（1729），板桥作《道情十首》。道情是说唱艺术的一种，以道教故事为题材，宣扬出世思想，他所作的《道情十首》在当时广为流传。这时的板桥已经三十七岁，已是博学多才之士，其诗、其书、其画都取得了一定的成就。但板桥的命运依旧很坎坷，还是没有改变他生活贫困的现状。更令他悲痛欲绝的是，雍正九年（1731），他的结发妻子徐夫人病逝，给板桥以沉重的打击。板桥作《客扬州不得之西村之作》诗，其诗曰："自别青山负凤期，偶来相近辄相思。河桥尚欠年时酒，店壁还留醉后诗。落日无言秋屋冷，花枝有恨晓莺痴。野人话我平生事，手种垂杨十丈丝。"以示丧妻之痛。次年又是三年一度的乡试，而板桥去参加乡试路费都成了问题。后来他听说现任的县官汪芳藻是一个比较开明爱才之人，就求助于他，板桥于这一年的十二月二十九日，作《除夕前一日上中尊汪夫子》，其诗曰："琐事贫家日万端，破裘虽补不禁寒。瓶中白水供先祀，窗外梅花当早餐。结网纵勤河又沍，卖书无主岁偏阑。明年又值抢才会，原向秋风借羽翰。"果然，汪夫子很慷慨，出钱支持板桥，让他好好准备来年的乡试。

板桥在扬州卖画之时发生过很多有趣的事。据板桥书信《答王梦楼》曾记载过这样一件事：二月的扬州已是繁花似锦的时节，春阳霭霭，杂花缤纷，风和水丽，堤柳啼莺，正是江南风景，八方妩媚，湖光山色，一派动人。一日，板桥独自一人出游，买了一艇小舟，泛小舟于瘦西湖上，轻摇橹桨，漫荡碧波，以求觅得

诗兴。正在他畅想无边，神游天外之际，忽然，一艘画船迎面摇来，船上的划船的人大声呵斥，把蒿作势，板桥不得不急忙让开，而其他的船只对此也只能忍气吞声，纷纷避让。片刻之后，那船又摇了回来，又是大声呵斥谩骂，而且更过分的是，船上的人还用船蒿打人、戳船，如入无船之境。就这样在湖中来来回回地撞船并无理骂人，有五六次之多，其他一些船上的游人是敢怒而不敢言。板桥见了很是奇怪，就问其他船上的人是怎么回事。一问才知是这里的太守借画船款待客人，以游湖为乐。板桥听到后气从心生，想到堂堂一个太守，乃是亲民众之官，却仗势欺人，横行如此，真是给大清圣朝抹了污点。思量着若不让他觉悟觉悟，怎么能发泄胸中的怒气。转而又想这一天是国恤（帝后之丧），也许太守一时糊涂没有想到，就想借题发挥，让太守折服。于是，板桥等那艘画船再划过来的时候，用他的小舟撞上去，船上又是谩骂一阵。果然太守发怒了，两个虎狼一样的衙役气势汹汹地把板桥捉拿到画船上，要定他闯道惊官的大罪。这时要是换了胆小的人，早就战战兢兢了，而板桥却无惧色。当时太守不认识板桥，板桥也不认识太守。只见太守怒形于色，拍桌而起，想要立即责打板桥。板桥见此情况，当即说道："道在何许？官在何方？今天是国恤，亲民之官却在此对客听歌，有国法刑典在，岂能饶恕！"太守听到后脸色大变，立刻离席作礼，问板桥姓氏。板桥以直接回答他说："我叫郑板桥。"太守连连自责，邀请板桥共同饮酒。板桥正色推辞道："太守游湖实在辛苦，久仰您的风范，难得一见，在下真是狂放之至，恭敬地送给您一首诗吧。"说罢就吟了四句诗给他，诗的后两句是"山川草木犹含泪，太守听歌试画船"，然后拜别而去。第二天，太守派人来到板桥住的地方，说让板桥对这件事不要张扬，要谨慎保密。板桥说："守密不难，只需银钱，拿五百两银子来，如果太守不答应，那也没关系，我也不一定非得要。但是我会将这首诗刻印加注，传到扬州一带，让大家都听到看到。"来人悻悻而去，过了许久后又回来，带来三百两银子，并说："太守大人一时糊涂，有悔改之意。"板桥也不想太过分，一笑而罢。索要的三百两银子，都散给了当地湖滨一带的贫苦人家，虽然数目很小，却可以维持他们一阵子的生活。板桥事后说，太守出金，他来散发，可谓"买了花炮给人放"。太守破耗了这一笔金钱，或许在暗中后悔不跌，懊丧心痛，而板桥却觉得十分有趣呢。从这件事中可以看出板桥的幽默。

还有一件关于他论诗惊四座的趣事。据板桥书信《与侯嘉璠》载：板桥读了一天的书，有些疲倦，夕阳西下之时，见眼下无事，就到朋友的宅子里饮酒，顺便解解乏，与朋友数人，谈诗唱和，甚为欢乐。他们谈论同时代的各个诗人的诗风以及诗歌特点，有人谈到天台人侯嘉璠，大家都认为他的诗风格俊秀，诗胆绝壮，诗笔雄奇，在当时的少年才俊中，能作诗的人，没有能够超出其右的，都说他将来的成就一定不可限量。板桥深表同意。正当大家相谈甚欢之际，有一个人突然站起来，独排众议，争执不休。他说到："侯生诗胆固然绝壮，诗笔固然雄奇，但却像野马一样放荡不羁，不合乎规矩尺度。他的诗没有一句可读，没有一句可以品味。"言语之间多带有指责和诽谤，把侯生说的体无完肤，也不知道他跟候生有什么怨恨。板桥心中早已是愤愤不平了，就立刻起来与他争论。而那个人却傲慢地对板桥说："我是你的前辈，你有什么资格与我争论，晚辈狂徒，竟敢如此无礼。作诗不合规矩尺度，就没有什么可以欣赏之处，也就不能取得功名。作诗应

如排律应制之作才合乎尺度，才能称作诗。"板桥不慌不忙地反驳道："您所谓的衡量诗文的尺度，不知道怎么样才算得上得当，尺是多少？度是什么样？在一首诗中究竟应当有多少尺度呢？按您所说，我不知道像汉代建安七子（孔融、陈琳、王粲、徐干、阮瑀、应场、刘桢），唐代的李白、杜甫、元稹、白居易等人，在他们的全集里，符合规矩尺度的诗篇究竟又有多少呢？您说这些话，想必是对于古人和今人的诗都已经衡量过了吧，希望能您能不吝赐教啊。"说的那人哑口无言，尴尬异常，连连举杯饮酒，借此来掩盖他脸上的殷红之色。板桥又说道："我虽然没有什么才华，但是您所作的诗也略有耳闻，您所作之诗的名句我也能背诵出来，如'邻机声扎扎，林斧响丁丁'，想必应该是您的诗作中的名句吧，作诗像您这样才能合乎尺度，那么我今天算是明白了。如果把今天的侯生跟您相比，本来他的功名富贵就不如您，身份也比不上您，您像牡丹花一样，而侯生则像梅花、松柏一样，又怎么能比呢？但是再过几十年，人们将只知道有侯生而不知道有您的'邻机声扎扎'了。"板桥说完之后，满座都惊呆了。对方无言以对，悻悻而去。后来板桥把这件有趣的事写信告诉了侯嘉璠，并希望他在吃饭的时候不要想起这件事，要是不经意间想起来的话，恐怕令人喷饭。

## 三、雍正举人乾隆进士

雍正十年（1732 年），不惑之年的板桥踏上去南京参加乡试的征途，功夫不负有心人，连试三场，考中举人，生活的道路终于出现了些许转机，他不禁悲喜交加，作《得南闱捷音》一诗述说当时心境，其诗云："忽漫泥金入破篱，举家欢乐又增悲，一枝

桂影功名小，十载征途发达迟。何处宁亲惟哭墓，无人对镜懒窥帏。他年纵有毛公檄，捧入华堂却慰谁。"从这首诗里可以看出板桥当时内心深处相当复杂，多年的努力终于有了结果，但亲人离世已经看不到了，既有中举后的喜悦，也有对亲人故去的悲痛。

板桥参加完乡试之后，游览南京各地的名胜。南京为六朝古都，有很多历史遗迹，历代文人对这些古迹都有凭吊，并留下了许多诗词佳作。板桥在这里分别游览了石头城、周瑜宅、桃叶渡、劳劳亭、莫愁湖、长干里、台城、胭脂井、高座寺、孝陵、方景两先生祠、弘光等古迹，并作《念奴娇·金陵怀古十二首》，又作《满江红·金陵怀古》和《种菜歌》等，吊古伤今，抒发自己对历史沧桑变化的感慨，以及对历史人物的褒贬。游完南京之后，他又出游杭州，游览了杭州西湖，西湖风景怡人，是板桥早已神往的地方。他寄居在韬光庵中，受到寺里僧人的热情款待，在此居住期间，他曾作《韬光》诗与《雍正十年杭州韬光庵中寄舍弟墨》。除游西湖之外，板桥还到钱塘江观潮，作有《观潮行》《弄潮曲》等诗。

板桥虽然中了举人，由于贫困，无钱在官场活动，所以他没有得到官职，他不得不准备来年的会试。清代科举制度规定，乡试、会试均是三年举行一次，乡试第二年举行会试，但板桥没有参加这次会试，原因是板桥的叔父省庵先生于雍正十一年（1733）去世，板桥要守丧礼，因为板桥的叔父视其如己出，所以板桥要事之以父礼，这样如果要进一步取得功名，他还得等三年之期。办完叔父的丧礼，板桥客居海陵，海陵即今天的泰州，清时即称泰州，板桥居住在弥陀庵，结识了庵中住持梅鉴上人，梅鉴上人生活上不拘小节，并酷爱诗文，性格上又与板桥相近，所以与板桥非常要好，板桥曾作有《别梅鉴上人》诗相赠。在此期间，板桥还访知刘烈妇殉夫之事，并作有《海陵刘烈妇歌》。随后，板桥为了准备来年的会试，到镇江焦山双蜂阁潜心读书。焦山是"镇江三山"之一，另外两山为金山和北固山。焦山不仅自然风光秀丽，而且还有闻名遐迩的碑林石刻。板桥在这里读书就是因为这里秀丽宁静的自然风光与历代文人的石刻、碑刻，在读书之余，常常去观看山壁的各种书体并流连于其间，赏玩不已，尤其是南朝碑刻《瘗鹤铭》，更是如醉如痴。《瘗鹤铭》相传是东晋大书法家王羲之为悼念他死去的两只仙鹤而作，碑文气势灵动，神态宏逸，极具有艺术性，观之令人回味无穷。板桥正是从《瘗鹤铭》中得到启发，将隶、楷、行、草等书体融为一炉，创造了"六分半书"。板桥在闲暇的时候也挥洒笔墨画竹，聊以自娱。焦山的修竹也给了板桥精神上的寄托，他曾画竹并题诗云："静室焦山五十家，家家有竹有篱笆。画来出纸飞腾上，欲向天边扫暮霞。"在此期间，他还回到当年设馆教书的江村游玩，受到他的学生许既白的邀请，他们共赏江景，叙话别情。

雍正十三年二月（1735），板桥回到扬州，在游扬州北郊时与饶五姑娘一见钟情，并赠词《西江月》以定情，又书写《道情十首》赠之，板桥在后来的《扬州杂记》中详细记述了这个浪漫的经过：当时正值二月的扬州，已是繁花盛开的时节。板桥早晨早早地起来，吃过早饭后便动身去访玉勾斜（隋炀帝葬宫女处）的遗址。从傍花村到达雷塘，经打听后知离城约有十里路，板桥径直前往，一路上春风拂面，娇鸟啼花，优游自在自是不在话下。走了许久，前面树木茂密起来，居民开始稀少，远远望去，有一棵杏树处在围墙竹树之间，这里有一户人家，板桥叩门而入，并

徘徊于花下。有一个老妇人，捧着一碗茶邀请他到草堂上小坐歇息。板桥环望四周，草堂壁间贴着数张字，都是板桥写的词。板桥感到很奇怪，就问老妇人："您认识这个写词的人吗？"老妇人回答说："只是听说过名字，并不认识。"板桥回道："我就是郑板桥。"老妇人听了非常的高兴，急忙把女儿叫了出来，说是郑板桥先生到这里来了。时近中午，老妇人准备了饭菜请板桥。吃过饭后，老妇人的女儿盛装出来拜见板桥说："久闻先生大名，并诵读过先生的词作，非常钦佩喜欢，听说先生作有《道情》十首，不知肯否为我写一写呢？"板桥应允，那姑娘随即拿来淞江的淡黄色花笺，湖州的毛笔，紫色的端砚，纤手磨墨，请板桥书写，写完十首《道情》，板桥又写了首《西江月》送给那姑娘，全词为："微雨晓风初歇，纱窗旭日才温。绣帏香梦半蒙腾，窗外鹦哥未醒。蟹眼茶声静悄，虾须帘影轻明。梅花老去杏花匀，夜夜胭脂怯冷。"母女俩会意一笑，已略知板桥之心意。板桥问了姓氏，老夫人说，姓饶，今年已经十七岁了，共有五个女儿，其他四个都嫁出去了，留这一个为的是养老，名叫五姑娘。老妇人又说："听说您失去了伴偶，何不娶了五姑娘为妾呢？"板桥推辞说："我是一介寒士，怎么能得如此佳人？"老夫人说，也不求多有钱，能养老就行了。板桥想也可以，便说道："我明年考进士，若是考中了，也得后年才能回来，能等我吗？"母女两个都说可以，就以板桥的词作为信物。第二年，板桥果中进士，待补缺而稽留京师。饶氏更加的贫穷了，有一个富人想要用七百金纳饶五姑娘为妾，他的母亲想要答应，饶五姑娘说："已经与郑公子约定，背之不义，七百两也有花光的时候，再等一年我保证他能回来，就再等一年吧。"这个时候，江西蓼洲有个人叫程羽宸，他路

过真州的一个茶肆，见上面写着一副对联是："山光扑面因朝雨，江水回头欲晚潮。"旁边写着"板桥郑燮题"，很是吃惊，就问这个人是谁，茶肆的主人说："你到扬州去，一问便知。"程羽宸到扬州一问，了解了板桥，而且也听说他跟饶氏的事了，就拿五百两银子替板桥先送了聘礼给饶氏。板桥等待补缺无果，归来以后，听说此事，大为感谢，程羽宸又拿出五百两银子给板桥做纳妾之费，板桥遂与饶五姑娘成了眷属。后来程羽宸常跟随板桥出游，板桥也常给他画画，成了板桥非常好的朋友。板桥所记也颇得唐人传奇风韵，唐代崔护有一首《题都城南庄》的诗："去年今日此门中，人面桃花相映红。人面只今何处去，桃花依旧笑春风。"这首诗的背后也有一个我们熟知的浪漫故事叫"崔护求浆"，在孟棨的《本事诗》中有所记载，板桥所记其浪漫的经历颇与这个传奇故事相似。

这一年板桥又重游曾经设塾的真州江村，作《仪征县江村茶社寄舍弟》。随后又至焦山读书，作《焦山别峰庵雨中无事书寄舍弟墨》《焦山双峰阁寄舍弟墨》。这一年的八月二十三日凌晨，雍正帝驾崩，雍正第四子弘历继承皇位，是为乾隆。

乾隆元年（1736）春，板桥进京参加考试，得中贡士，又经殿试，得中二甲第八十八名进士。他十分得意，欣喜之余，板桥挥毫泼墨，作了一幅《秋葵石笋图》，并题诗其上，诗曰："牡丹富贵号花王，芍药调和宰相祥。我亦终葵称进士，相随丹桂状元郎。"多年的刻苦读书终于有了结果，得意之情跃然纸上。虽然中了进士，但板桥还是没有得到一官半职，他得等候补缺，这一等便是六年，而对于四十四岁的板桥来说，他剩余的人生中又有几个六年。在此期间，板桥曾多次奔走，上诗干谒求官，他曾写过

《呈长者》《读昌黎上宰相书因呈执政》等诗，然而，由于板桥没
有任何政治背景，他的一系列干谒活动并没有得到很好的效果。
此外，板桥还与伊福纳、无方上人、青崖和尚、仁公、起林上人、
图清格、侯嘉璠、方超然、胡天游、娄近垣等交游，并往还唱和。
板桥在京师大约逗留了一年，又回到了扬州等候补缺。这时的板
桥已经不同于往日，他的诗文和书画都已经有了名气，而其"使
酒骂座，目无卿相"的狂名，早已被人所知，索书索画的人也就
越来越多了。

　　"使酒骂座，目无卿相"是板桥性格中的一部分。据桂馥的
《国朝隶品》记载，板桥如灌夫一样"使酒骂座，目无卿相"。而
事实上，"目无卿相"似乎说的有点过了，但好骂人、好饮酒确
实是板桥的一个特点。板桥在他的文章以及书信中不止一次提到
他自己好骂人以及好饮酒。他曾说："燮爱酒，好漫骂人，不知
何故，历久而不能改。"在他做官的时候他又说："燮宰此土，两
更寒暑，疏放久惯，性情难改，因此屡招物议，曰酒狂，曰落拓，
曰好骂人。"可见谩骂好酒也是板桥性格的一方面。又说："燮自
呱呱入世时，天公似即为我排定位置，注定命运，以故赋性爽直，
骨体不媚，好酒漫骂，深中膏肓。因此早得狂名，招人憎怨。兼
之拙于酬应，不会逢迎，冷气何多，笑言太少，凡斯人之不合我
眼，不恰我情者，终席不与交一语，此皆宦途之所不宜，而我乃
一一犯之，欲安其位而升其秩，不亦难乎。"好骂而得狂名，招人
怨恨，又不会逢迎说好话，且不合他眼的、不悦其情的人，板桥
"终席不与交一语"，可见其"赋性爽直，骨体不媚"的性格。这
也是导致板桥的仕途不顺的原因。

　　板桥骂人，专骂该骂之人。被骂的人都是都是一些思想迂腐

的人，比如一些不开窍的穷酸秀才，他骂秀才说："试看秀才们，一篇腐烂文章，侥幸中式，即如小儿得饼，穷汉拾金，处处示人阔大，却处处露其狭窄，处处自爆丑陋。诗云子曰，动辄以诗书吓人，酸腐之气，尤属可憎。"板桥还骂和尚，骂那些贪嗔痴妄，六根不净，饮酒食肉，纵情渔色的和尚。骂那些不问雅俗，满身势利的和尚，骂他们是"钱奴化身，市侩转世，口念阿弥陀，心贪阿堵物，俗不可耐，触人欲呕"，甚至想要怒捶其光头。可见，板桥骂人不同于那些恃才傲物的人目空一切的那种骂人。但是，板桥对于那些超出他的人却很崇拜，却也肯低首降伏，对于好的文章则更加爱不释手，百读不厌，大加赞赏。他说他崇拜的画家有文湖州（北宋时人）、诗家有杜甫、文学家有方百川等人，并对他们啧啧称道。与骂人相对的是板桥还"爱人""崇拜人"，他在给他的弟弟郑墨的信中说："老弟只知我好骂人，不知我崇拜人，更不知我只骂一帮推脱不开之秀才，而崇拜之人，则不胜屈指也。例如画家文湖州，诗家杜少陵，文学家方百川、侯朝宗，现任东抚，均系我崇拜之人。"他还说："以人为可爱，而我亦可爱矣，以人为可恶，而我亦可恶矣。"板桥有钱的时候，就随手散尽帮助那些穷苦的人，而自己遇到困，也会有人帮助他。

　　板桥在年轻气壮时好骂人，到年老之时虽也骂人，但却流露出悔恨之意。他也知道自己这个毛病，他说："使酒骂人，本来不是好事，欲图上进除非戒酒闭口。"他还说："爱人是好处，骂人不是好处，东坡以此受病，况板桥乎！"并让他的弟弟郑墨时时劝他。板桥除了骂人还饮酒，他认为，"衣之暖者莫若裘，味之美者莫如酒"。并羡慕魏晋时的刘伶之"死便埋我"嗜酒如命的行为，说"宁可乌纱不戴，不可一日无酒。"可见他对酒的爱之深、嗜之切。但是他也懂得约束自己，也从没因饮酒而耽误政事。他曾在信中说："每晚罄十壶而后睡，次晨宿醒已解，从政自无妨碍矣。"而他的妻子曾管着他饮酒，每天只能饮少许，往往不能尽意，可见板桥的这一方面性格。（以上据板桥书信《潍县署中寄四弟墨》《淮安舟中寄舍弟墨》《焦山别峰庵与徐宗宇》《潍县署中寄李复堂》等）

乾隆三年（1738），板桥与金农等好友相聚于扬州，这一年李鳝出任临淄县知县。乾隆四年（1739），卢见曾复为淮南盐运使。板桥作《赠卢雅雨诗墨迹》诗，以示友谊。也就是在这一年，袁枚考中进士，李鳝调到山东滕县做知县。乾隆六年（1741）九月，板桥又一次进京，得到慎郡王允禧的招待。也许与允禧的推荐有关，板桥于乾隆七年（1742）得授山东范县县令，官七品。慎郡王允禧作《送板桥郑燮为范县令》诗为他送行，以资鼓励，其诗云："万丈才华绣不如，铜章新拜五云书。朝廷今得鸣琴牧，江汉应闲问字居。四郭桃花新雨后，一缸竹叶夜凉初。屋梁落月吟琼树，驿递诗筒莫遣疏。"可见慎郡王允禧对他的期望。板桥也有诗回赠，以表决心，并于这一年为慎郡王允禧刊刻《随猎诗草》《花间堂诗草》两个集子，并作跋。他还刊定此前自己所作诗词，另刻成《诗钞》《词钞》，手写付梓，由门人司徒文膏刻版印刷。板桥在《刘柳村册子》中称："板桥自京师落拓而归，作《四时行乐歌》，又作《道情十首》。四十举于乡，四十四岁成进士，五十岁为范县令，乃刻拙集，是时乾隆七年也。"板桥于四十岁考中了举人，四十四岁考中了进士，六年后才得一个县令这样的七品官，既有些许兴奋，又颇不服气，这与他当初想得一个京官的愿望相距甚远，却不料得一个外任之官，心里总有些不平之处。所以，他后来刻了一枚印章，印文为"七品官耳"。

## 四、潦倒山东七品官

乾隆七年（1742），板桥五十岁，年过半百的板桥终于谋得一官，从此开始了他近十二年的仕宦生涯。这一年春天，板桥上任山东范县知县，临行前，他的继室郭氏对他说："一代作官七代贫，幸勿枉法杀人，公门里好修行，庶几积德以襄天心，得获添丁之兆。"带着郭氏的一番劝诫板桥来到了山东范县（今属河南）。范县在清代隶属曹州府管辖，地处黄河北岸，在山东西部。这里物产不是很丰富，但民风比较淳朴。有十多万人口，但是在县城里却只有四十多户人家，相当于一个小村子大小，板桥作有《范县诗》称："四五十家负郭民，落花厅事净无尘。苦蒿莱把邻僧送，秃袖鹑衣小吏贫。尚有隐幽难尽烛，何曾顽梗竟能驯。县门一尺情犹隔，况是君门隔紫宸。"可见当时的范县人口并不多，而且日常事务也不多。而"县门一尺情犹隔，况是君门隔紫宸"则揭露了当时官场上存在的一些问题，一个县令都不能完全了解民情，何况是皇帝呢？

板桥到任之后，就做了一件非常奇怪的事，他让人将县衙的墙壁上打出上百个洞孔，说是出一出前任官吏的恶俗之气，意在摒弃之前官吏贪污腐败、欺压百姓、受贿行礼等恶俗习气，决定做一个清正廉明、为民办事的好官。而事实上，板桥正是本着"立功天地，字养生民"的宗旨去做官的。由于板桥从小生于寒儒之家，生活贫苦，接触了很多下层劳动人民，能够深刻地了解他们的苦难，所以在范县为官期间，经常深入百姓中，去了解他们

真实的生活状态。他在《范县署中寄舍弟墨第四书》中说："我想天地间第一等人，只有农夫，而士为四民之末。农夫上者种地百亩，其次七八十亩，其次五六十亩，皆苦其身，勤其力，耕种收获，以养天下之人。使天下无农夫，举世皆饿死矣。"板桥认为农民是天地间第一等人，农民辛勤耕作养活天下的人，要是没有农夫，天下的人恐怕都要饿死了，表达了他对农民的关注。在平时的生活上，板桥也是比较亲近民众的，按当时的规定，县官出门都需要坐轿子，还要鸣锣开道，而板桥出门却不坐轿子，不摆官样，不用"肃静"和"回避"的牌子。板桥曾写过一首喝道的诗，其诗称："喝道排衙懒不禁，芒鞋问俗入林深。一杯白水荒途进，惭愧村愚百姓心。"说明板桥对排衙喝道的厌恶。在晚上出门时，灯笼上也不写县衙二字，而是自己写上板桥二字，从这些生活细节上，我们可以看出板桥为官注重与民众打成一片，从而能真切地了解他们。

乾隆八年（1743），板桥五十一岁，写了一首《止足》诗曰："年过五十，得免孩埋。情怡虑淡，岁月方来。弹丸小邑，称是非才。日高犹卧，夜户长开。年丰日永，波淡云回。乌鸢声乐，牛马群谐。讼庭花落，扫积成堆。时时作画，乱石秋苔。时时作字，古与媚皆。时时作诗，写乐鸣哀。闺中少妇，好乐无猜。花下青童，慧黠适怀。图书在屋，芳草盈阶。昼食一肉，夜饮数杯。有后无后，听已焉哉！"这首诗抒写了他做官后怡然自适的生活。因为县里的人口较少，也就没有多少政事。在闲暇之余，赏云观鸟，看花听乐，写字、作诗、作画、饮酒就成了日常不可少之事。板桥在一封书信中也曾说道："范县风俗惇厚，四民各安其业，不喜干涉闲事，因此讼案稀少，衙署多暇。闲来唯有饮酒看花，醉

后击桌高歌，声达户外。"这件事后来被他的妻子知道了，他的妻子就来规劝他说："历来只有狂士狂生，未闻有狂官，请勿再萌故态。"可见板桥狂放的性格。这一时期，板桥的书法绘画创作进入到了高峰期，创作出许多优秀的作品，已经远近闻名，且具有较高的艺术水平。

乾隆九年（1744），饶氏生了一个儿子，儿子的降生给板桥的生活增添了许多乐趣，而且也给他以心灵上的安慰，要知道封建社会如果没有儿子是被视为不孝的，板桥晚年得子，兴奋异常。板桥在《潍县署中与舍弟墨第二书》说："余五十二岁始得一子，岂有不爱之理！"对儿子倍加关爱。

板桥五十三岁之时，作《署中示舍弟墨》诗，其诗曰："学诗不成，去而学写。学写不成，去而学画。日卖百钱，以代耕稼。实求困贫，托名风雅。免谒当途，乞求官舍。座有清风，门无车马。四十科名，五十旃旌。小城荒邑，十万编氓。何养何教，通性达情。何兴何废，务实辞名。一行不当，百虑难更。少予失教，躁率易轻。水衰火炽，老更不平。日有悔吝，终夜屏营。妻孥绮縠，童仆鼎羹。何功何德，以安以荣？若不速去，祸患丛生。李三复堂，笔精墨渺。予为兰竹，家数小小。亦有苦心，卅年探讨。速装我砚，速携我稿。卖画扬州，与李同老。诗学三人，老瞒与焉。少陵为后，姬旦为先。字学汉魏，崔蔡钟繇。古碑断碣，刻意搜求。维兹三事，屋舍田畴。宦贫何畏，宦富可惴。即此言归，有赢不匮。人不疵尤，鬼无瞰祟。吾既不贪，尔亦无恚。需则失时，决乃云智。"此诗回顾了当年卖画的经历，以及求取功名的过程，并述说了自己诗、词、书、画的源流，流露出辞官与李鱓一起作画同老扬州的想法。

板桥在范县任职四年，调任潍县。潍县在山东东部，物产丰富，商业发达，人民生活比较富裕。但是，板桥到任时，潍县已经连闹了两年的水灾，而且还发生了传染病，潍县已是灾荒遍野、饿殍满地，板桥见此心急如焚，便马上投入到救灾的工作中。他没有层层上报等待上级的批准，而是决定立即开仓赈济灾民，他让百姓们来领粮食并写好借条，此举救活了上万人。又据《清史列传·文苑传·郑燮传》载："官潍县时，岁歉，人相食。燮大兴修筑，招远近饥民赴工就食。籍邑中大户，令开厂煮粥轮饲之，有积栗，则其平粜，活者无算。"板桥想了一个"以工代赈"的办法来缓解灾情。他召集远近的青壮年灾民来做工役，并发给他们工钱，板桥又令县里的富户把囤积起来的粮食平价出售，并让他们设厂煮粥，救济灾民。这样大大缓解了灾情，板桥的一系列举措得到了上级的嘉奖。

乾隆十二年（1747），板桥调到济南主持参加乡试选拔之事，于锁院作《行书扬州杂记卷》，记述与饶五姑娘相识时的浪漫情缘以及程羽宸赠金玉成其事之事。又作有《济南试院奉和宫詹德大主师枉赠之作讳保》《和学使者于殿元枉赠之作讳敏中》等诗，与德保、于敏中相唱和。这年秋天，板桥与汪士慎、李鱓、李方膺合作《花卉图轴》，并题诗曰："梅花抱冬心，月季有正色。俯视石菖蒲，清浅苗寒碧。佛手喻画禅，弹指现妙迹。共玩此窗中，聊为一笑适。"乾隆十三年（1748），乾隆帝带太后、皇太后出巡山东，祭岱庙，板桥为书画史，这是他颇为自豪的一件大事。《板桥自叙》称："乾隆十三年，大驾东巡，燮为书画史，治顿所，卧泰山顶四十余日。亦足豪矣。"板桥曾刻有一印，印文为"乾隆东封书画史"，以表其殊遇。

　　乾隆十四年（1749），板桥与饶氏所生的年仅六岁的儿子麟儿病死，又一次给板桥以沉重的打击。板桥共有两个儿子都未能长大。面对亲人的逝去，板桥内心承受巨大的悲痛。在这一年的秋天，潍县粮食大丰收，大批难民陆续地返回家乡，板桥作《还家行》诗，记当时难民回乡时的情况。板桥又重新刊刻了《诗钞》《词钞》以及十六通《家书》，并作《后刻诗序》《词钞自序》《十六通家书小引》，其《后刻诗序》云："古人以文章经世，吾辈所为，风月花酒而已。逐光景，慕颜色，嗟困穷，伤老大，虽刭形去皮，搜精抉髓，不过一骚坛词客尔，何与于社稷生民之计，三百篇之旨哉？屡欲烧去，平生吟弄，不忍弃之。况一行作吏，此事又束之高阁。姑更定前稿，复刻数十首于后，此后更不作矣。板桥又题。板桥诗刻止于此矣，死后如有托名翻板，将平日无聊应酬之作，改窜烂入，吾必为厉鬼以击其脑！"认为诗应反映民生疾苦，而不是无关痛痒。但观己之作，风月花酒而已，多次想要烧掉，但又不忍心，才重新刊刻，并说以后不再刻诗，如果有人托名盗版，必化为厉鬼击其脑，可见他对作诗的态度以及对翻版盗印的痛恨。其《十六通家书小引》云："板桥诗文，最不喜求人作叙。求之王公大人，既以借光为可耻；求之湖海名流，必至含讥带讪，遭其茶毒而无可如何，总不如不叙为得也。几篇家信，原算不得文章，有些好处，大家看看；如无好处，糊窗糊壁，覆瓿覆盎而已，何以叙为！"表达了他对作序的看法。板桥的诗文最不喜欢求人写序，是因为求王公大臣，则有借光的嫌疑，求当时的名流，则含讥带讪，又说不定会遭到其茶毒，可见板桥个性。板桥又作《行书板桥自叙》，述说平生志趣，这一年板桥五十七岁。

　　乾隆十五年（1750），板桥作《文昌祠记》文，其中有云："心何为闷塞而肥？文何为通套而陋？行何为修饰而欺？又何为没利而肆？帝君其许我乎？潍邑诸绅士，皆修文洁行而后致力以祀神者，自不与龌龊辈相比数。本县甚嘉此举，故爱之望之，而亦谆切以警之，是为民父母之心也。"又作《行书诗三首》的条幅，与同乡李鱓合作《蕉竹图》。板桥又写了一篇短文附记于《板桥自叙》之后。其文曰："板桥诗文，自出己意，理必归于圣贤，文必归于日用。或有自云高古而几唐宋者，板桥辄呵恶之，曰：'吾文若传，便是清诗清文；若不传，将并不能为清诗清文也。何必侈言前古哉！'明清两朝，以制艺取士，虽有奇才异能，必从此出，乃为正途。其理愈求而愈精，其法愈求而愈密。鞭心入微，才力与学力俱无可恃，庶几弹丸脱手时乎？若漫不经心，置身甲乙榜之外，辄曰：'我是古学'，天下人未必许之，只合自许而已。老不得志，仰借于人，有何得意？贾、董、匡、刘之作，引绳墨，切事情。至若韩信登坛之对，孔明隆中之语，则又切之切者也。理学之执持纲纪，只合闲时用着，忙时用不着。板桥《十六通家书》，绝不谈天说地，而日用家常，颇有言近指远之处。板桥非闭户读书者，长游于古松、荒寺、平沙、远水、峭壁、墟墓之间，然无之非读书也。求精求当，当则粗者皆精，不当则精者皆粗。思之，思之，鬼神通之。板桥又记，时年已五十八矣。"板桥又一次表明对诗歌的观点，即"理必归于圣贤，文必归于日用"。又表达了他对"制艺"（八股取士）的看法，他认为科举中八股取士是人生正途，这也是封建社会大多人都会选择的人生道路，在我们今天看来，八股取士当然是不具有什么积极意义的，也不会产生什么积极的效果，会束缚人的思想，而在当时板桥却对此非常重视，他还劝他的弟弟郑墨要学好这种"时文"，而他自己就是坚定地走这条道路过来的，这也是受到当时社会风气影响的结果。

板桥混迹官场多年，深感为官的不易，诸如如何做一个好官而又不得罪于人，对于每个人来说都是很难的问题。板桥对于如何守身处世，深有感触，写了一块非常有名的匾额叫"难得糊涂"，据说这个匾额是在游莱州的云峰山时写的。关于这个匾额还有一个有趣的故事。莱州地处潍县东北部，邻近渤海，在县城的东南有座云峰山，在云峰山上，有很多碑刻，都是历代有名之士到此游玩时留下的。板桥对这些碑刻神往已久，准备有时间就过去游览一番，一赏为快。一年秋天，板桥处理完县衙里的政事，特从潍县赶往此处观碑刻，以求在书法上面有所突破。这里的碑刻深深地吸引了他，使他流连忘返。不知不觉，夕阳落山，板桥方察觉天色已晚，不得不找一住处寄宿，他看到上山有一处草屋，就去借宿。草屋的主人是一个老翁，年貌虽老，但神态和蔼，儒雅大度，自命糊涂居士，而且谈吐优雅，不似凡人。老翁的草屋虽然简陋，但是却很精致别样，老翁的草屋中间陈列着一块方桌大的砚台，石质细腻，雕刻精湛，有独到之处，板桥见此暗暗称奇。老人在与板桥的谈话中得知眼前之人便是潍县县令郑板桥，肃然起敬，就请板桥题字于砚台的背面。板桥也知道眼前的老翁并非一般人，也不便多问，思索片刻，便在上面写了"难得糊涂"四个大字，并以"康熙秀才雍正举人乾隆进士"的印方落款，因为还有空隙，板桥就请老翁也写段跋语，老人略加思索便写到："得美石难，得顽石犹难，由美石转入顽石更难，美于中，顽于外，藏野人之庐，不入富贵之门也。"写完也盖上印方，印文为

"院试第一乡试第二殿试第三"。板桥见后大惊，知眼前之人乃是达官退隐。板桥略有所感，就仿老者之语写下了一段话："聪明难，糊涂尤难，由聪明转入糊涂更难；放一着，退一步，当下心安，非图后来报也。"从此，这块匾额便在大江南北流传开来，成了警醒世人的名言。

难得糊涂，看起来是一种消极的处世方法，但却蕴含着及其高明的道理，也只有聪明之人才能道得此语。糊涂人难得聪明，而聪明人又难得糊涂。需要于聪明中带有一点糊涂，才能处世守身，若是一味的聪明，眼前的道路将会遍生荆棘，且必然会招来怨恨，反不如难得糊涂为妙。当然，糊涂只是一时的，而不是一味的糊涂。板桥悟出了这个道理，我们也能想见其人格魅力。

乾隆十六年（1751），板桥作了一幅《竹图轴》，并题诗于上曰："一两三枝竹竿，四五六片竹叶。自然淡淡疏疏，何必重重叠叠？"又作《梅兰竹菊四屏条》以写志言怀。其中《菊》曰："进又无能退又难，宦途蹒跚不堪看。吾家颇有东篱菊，归去秋风耐岁寒。"流露出其辞官归隐的心绪，又作《思归行》诗以及《思归》《思家》词，进一步呈现出板桥归老田园的强烈愿望。其《唐多令·思归》词曰："绝塞雁行天，东吴鸭嘴船，走词场三十余年。少不如人今老矣，双白鬓，有谁怜？ 官舍冷无烟，江南薄有田，买青山不用青钱。茅屋数间犹好在，秋水外，夕阳边。"其《满江红·思家》曰："我梦扬州，便想到扬州梦我。第一是隋堤绿柳，不堪烟锁。潮打三更瓜步月，雨荒十里红桥火。更红鲜冷淡不成圆，樱桃颗。何日向，江村躲。何日上，江楼卧。有诗人某某，酒人个个。花径不无新点缀，沙鸥颇有闲功课。将白头供作折腰人，将毋左？"

板桥在给郑墨的信中也不止一次流露出辞官归隐的想法。他在《潍县署中寄四弟》的信中说："人皆以做官为荣，我今反以做官为苦，既不敢贪赃枉法，积造孽钱以害子孙，则每年廉俸所入，甚属寥寥，苟不入仕途，鬻书卖画，收入较多于廉俸数倍。早知今日，悔不当初。现拟告病辞职，得邀允准，如天之福。惟余每因事晋谒中丞，必蒙青眼相加，并见赏我之墨竹，谓为得文湖州真髓，凡遇上辕门，必邀余至内花厅留膳，余受宠若惊，不敢放浪，中丞笑语云：'下属无留膳之例，此时吾与尔叙私交，不必目我为上司而兢兢小心也。'既逢此知遇，只恐一时未必许我解组归田，奈何！奈何！"在《潍县署中寄四弟墨》信中又云："余本无吏治才，尸位多年，时虞陨越，托赖祖宗庇护，得能勉力支持。而今年事日增，精神亦觉难支，足疾不廖，疝气时发，并且左耳失聪，目光昏蒙，自知就木有期，若得息影蓬庐，以资静养，或可苟延残喘。倘恋栈不去，日寻烦恼，直如自速其死也。余已决计告病乞休，若上峰不允，整备一辞不或命，则再辞，再辞不或命，则三辞，务必遂我初服而后已。"由于年老体弱，板桥辞官的意愿更加坚定。

板桥六十岁生日之时，曾写了一幅自寿对联，其对联称："常如作客，何问康宁，但使囊有余钱，瓮有余酿，釜有余粮，取数叶赏心旧纸，放浪吟哦，兴要阔，皮要顽，五官灵动胜千官，过到六旬犹少；定欲成仙，空生烦恼，只令耳无俗声，眼无俗物，胸无俗事，将几枝随意新花，纵横穿插，睡得迟，起得早，一日清闲似两日，算来百岁已多"。从对联中，我们可以看出他知足常乐的心态，此时的板桥不汲汲于富贵，只要"囊有余钱，瓮有余酿，釜有余粮"即可，且求不被俗务所缠，不被饥寒所迫，赏花

画画，放浪吟哦，这样的生活似乎是他辞官后生活的提前规划，而事实上他辞官后的生活也正如他自寿联中所说的那样优游自在、放浪形骸。

乾隆十八年（1752）春，板桥去官，作《隶书扇面》，题诗两首，其一为"老困乌纱十二年，游鱼此日纵深渊。春风荡荡春城阔，闲逐儿童放纸鸢"，其二为"买山无力买船居，多载芳醪少载书。夜半酒酣江月上，美人纤手炙鲈鱼"，述说了他解脱于官场、卸掉枷锁的自适心态。关于他去官的原因，后人有诸多说法。据《清史列传·郑燮传》载，板桥"以请赈忤大吏，乞疾归"，《本朝名家诗钞小传·板桥诗钞小传》载其"以疾乞归"，《清代学者像传》载其"以岁饥，为民请赈，忤大吏，遂乞病归"，《国朝画征续录》载其"以病归"，《重修兴化县志》说他是"乞休归"，《小豆棚杂记》中说是"因邑中有罚某人金事，控发，遂以贪婪被褫职"。不管是因疾、乞休而归，还是因触犯上司而被罢官，这时的板桥对官场已经没有多少留恋，他早已厌倦了官场的生活，之前他也多次表露，又加之年岁渐老，体力不足，那么归老田园，寄迹山水就是最好的选择。虽然板桥早年曾孜孜不卷地追求仕宦的道路，然而多年混迹官场，使他看透了官场的黑暗，而他那种耿直狂放的性格使他在官场的道路上四处碰壁，很难以实现他"致君泽民""与君携手入陶唐"的美好夙愿。虽然在任期间，屡有佳绩，但是却从未得到提升，将近十二年的仕宦生涯也只做得一个七品县官。所以他刻了一块印叫"七品官耳"，这四个字似乎是对其仕宦生涯的总结，而这其中又包含了多少的无奈与辛酸。

板桥离开潍县的时候还画了一幅竹子送给潍县的人民，并题诗曰："乌纱掷去不为官，囊橐萧萧两袖寒。写取一杆清瘦竹，

秋风江上作鱼竿。"表明了自己清高的品行与隐居的意愿。据《清代学者像传》记载，板桥离开潍县之日，百姓都自发来送行，并痛哭流涕，家家画像以祀。而板桥的行李也非常的简单，"囊橐萧然，图书数卷而已"，又据《小豆棚杂记》记载，板桥去官之时只用了三头驴子，其中一头板桥自己乘坐，一头驮着两担子书，一头是由小吏骑着引路。在山东为官的十二年，板桥惠政颇多，做到了"于民事则纤悉必周，讼事则右婪子而左富商"，县中"无留牍，无冤民"，在潍县时，曾开仓捐廉以赈饥民，活人无数，百姓曾为其建生祠，是封建社会中难得的清官，深得百姓爱戴。

　　板桥在做官期间发生过很多轶事。板桥有一个好朋友叫金农，字寿农，号冬心，是"扬州八怪"之一，既能写字又能画画。他们是在杭州认识的，与板桥的交情非常的好，互有诗词赠送，也有书画信件往来。板桥在山东潍县做官的时候，金农的一个友人去拜访他访，他从友人处得知金农死了，非常伤心，就戴上丝麻白布，摆好灵位，痛哭金农，表示对金农的哀悼。过了几年后，金农的又一个朋友去山东，遇见板桥。在谈到金农时，板桥诉说了他对金农的怀念之情。板桥叹道："冬心先生不幸早逝，实在可惜。"那人感到很诧异，就对板桥说："冬心先生虽然几年前病了，但是早就好了，至今仍然无恙啊。"板桥听了之后，始改愁容，遂写了一封信给金农，千里致书慰问，以表思念之情。金农后来在回忆这件事的时候，感慨板桥的生死不渝之情，写了一首诗以报板桥，并画了一幅自己的写真给板桥送去。板桥辞官后，金农常常出游，与板桥相见于广陵僧舍，相与诗词唱和。

　　无独有偶，板桥还误哭过袁枚。板桥从一个朋友那里听说袁枚死了，虽然他们从未见面，但是板桥知道他是个才子，为他惋

惜，心痛不已。过了二十年，板桥辞官，到扬州时，在卢雅雨的席间相遇，始知从前所听乃是误传。这两件事都发生在板桥身上，未免太过巧合了，所以有人就提出板桥误哭两人是发生在一个人身上的，并做了考证认为哭袁枚乃是哭金农的误传，实际上板桥只是误哭了金农。但是由于板桥曾经亲自说过哭袁枚的事，这件事到底真假，还没有定论。但是，不管怎样，这两则轶事，都让我们看到板桥对朋友的真挚感情。

清代曾衍东《小豆棚杂记》卷十六"郑板桥"条记载，板桥曾判过一桩和尚与尼姑的私恋案。有一天，县里的一个乡绅将一个和尚和一个尼姑抓到县衙，吵吵嚷嚷地说他们暗地私通，有伤风化，天理不容，定要治他们的罪。板桥看到后，感觉事情有点蹊跷，为保证公正，并没有立刻治他们的罪，先将他们押下，听候审理。第二天板桥击鼓升堂，全县的人都来看板桥断案。板桥开始审判，命和尚与尼姑分别述说原由。原来，事情的经过是这样的：和尚与尼姑在未出家时是同住一个村子里，从小青梅竹马，两小无猜，于是就私定了终身。但女方父母坚决不同意，因男方贫穷而百般阻挠。后来女方父母看邻村的一个年老的财主非常有钱，就把她许配给邻村的老财主做妾。女子誓死不从，早就立下海誓山盟，非那男子不嫁。后来被逼无奈，一气之下离家出走，奔往大悲庵削发为尼了。这男子听说后，想怎么能负其深情呢，就跑到了崇仁寺出家做了和尚。谁知在来年三月三的潍县风筝会上，这对苦命鸳鸯竟又碰了面，一对情侣，久别重逢，心下暗喜。但又想到彼此都是出家之人，不好诉说离别后的相思之苦，便约定在夜里见面。于是，夕阳下山之后，灯火通明之时，二人便找一僻静之处，趁夜色幽会，约定以后的见面时间以及地点，并商量着身处佛门，却尘缘未断，这本来就是对佛门的大不敬，不如找一合适的机会还俗私奔。哪知就在难舍难分之际，情意缠绵之时，不料被人当场抓住，送往县衙治罪，其实二人并无奸情。

板桥听了和尚与尼姑的诉苦后，为他们的不幸遭遇感到可怜，又见他们年齿相若，便动了恻隐之心，有意玉成其事，当即宣判道："僧尼自幼相爱，意合情投，父母阻扰当不应该。两人无罪释放，令双双还俗，永结百年之好。"当众为他们完成婚礼，县里的人都欢呼叫好，认为板桥判得好。板桥又提笔写下了一首七言律诗的判词曰："一半葫芦一半瓢，合来一处好成桃。从今入定风规寂，此后敲门月影遥。鸟性悦时空即色，莲花落处静偏娇。是谁勾却风流案？记取当堂郑板桥。"其家人见此也无话可说，很快给他们操办了婚事。最终二人得已结成夫妇，而板桥的幽默判词，也流传至今。

板桥还有一个妙法治盐商的故事。潍县城处环渤海一代，盛产海盐。当时的盐业有官盐与私盐两种。而大多数的盐业都由官盐控制着，普通百姓因家境贫困无田耕种时才不得已贩卖私盐来养家糊口。板桥在山东潍县做官时，发生过不少官盐与私盐的纠纷，往往都是官盐将私盐小贩告到县衙，来惩治私盐，以求保证他们官盐的利益。板桥同情那些走投无路而贩卖私盐的贫苦百姓，而痛恨那些仗势欺人、垄断盐业的盐商，所以对于每桩案件，板桥都公平合理地审判。

一年秋天，潍县遇海潮侵袭，潍县北部大部分田地被淹，地里的庄稼几乎颗粒无收，不少百姓为了生存去贩卖私盐。这样便侵犯了许多大盐商的利益，于是就有盐商互相勾结，捉拿私盐犯归案，一些私盐小贩见此情状都落荒而逃，不巧的是有几个私贩

没有逃脱，那盐商就把捉来的小贩送往官府以求惩治他们。板桥见状，便击鼓升堂，公平断案。他看到堂下这几个私贩衣衫褴褛，瘦骨嶙峋，并非是枭徒，所以心中就有了打算，对原告盐商说："你要怎么惩罚他们？"盐商恶狠狠地说："私盐贩无法无天，必须严惩不贷。"板桥说："你要惩治他们其实也很好办，我给你出个主意吧，你看怎么样？"盐商说："是何主意？"板桥说："私自贩盐，应从重处理，本县令自有办法，你先回去准备几个枷锁，需用芦苇席编成，席高八尺，阔一丈，从中间剪出一个空隙来，速去差人办理。"盐商听后莫名其妙，不知所以，但不得不依板桥之令去办理。板桥又令人取笔与数张纸来，磨好墨，开始挥笔画兰、竹，意兴所至，酣畅淋漓，不一会就画了好几张兰与墨竹图。此时盐商已经按照板桥的吩咐做好了囚枷归来，板桥命人把所画兰、竹贴在芦苇编成的枷锁上，并对盐商说："我叫他们带上枷锁站到你的盐店门口示众如何，每人一天，轮流示众，好叫他们悔改。"盐商听后觉得这主意不错，于是就带着几个私盐小贩到他的盐店门口站立示众，因板桥的字画比较出名，一时观者如流，终日嘈杂纷攘，若闭门市。盐商也暗自得意，心想这样你们既不能再犯私盐，又当门示众，总丢了颜面，也算对你们的惩治了。

过了两天，盐商似乎察觉到了好像不大对劲儿，每天都有那么多人来这里看热闹，这店里的生意却是做不成了，这样损失可就大了。他感到后悔了。又过了两天，还是如此。盐商焦急不堪，忍耐不住，便跑到县衙找到板桥，板桥见到盐商说："怎么样啊，看的人是不是很多啊，这回你应该出气了吧？"盐商也知道板桥话中有话，知道他有意为私贩开脱，便苦苦哀求板桥说算了吧，不惩罚他们了。板桥见盐商苦苦哀求，也不再为难盐商了，笑着便把那几个私贩放了，那几个盐贩也对板桥感恩戴德，再三感谢，欢喜着回家去了。

还有一个板桥吃狗肉被骗的故事。板桥有一个爱好就是吃狗肉，认为狗肉乃世间第一美味。有人说狗肉是不干净的东西，诋毁狗肉腺臭，他却写了一篇文章来专门为狗肉平反。他认为，世间之物，每一物有每一物的味道，各不相同。而人的爱好也不相同，各有自己的喜好，也各有自己的不爱，喜欢甜的人会讨厌咸的东西，喜欢酸的人会讨厌辣的东西，或者有两种都喜欢的，这种人是不懂味道的。一般的东西品质和味道都不错的固然很多，有质没味的东西也不少。吃是人的天性，是不可强夺的。他还说他也喜欢吃蟹、笋、荔枝等美味，每次看见新鲜的也会大吃为快，然而却觉得这些东西味道虽然不错，但吃起来最有滋味的、常吃不厌的则莫过于狗肉。但狗肉只适合冬天吃，却不能经常拿来下酒，实乃一大恨事。他还说，袁枚虽然喜欢品评食物，每次吃东西都付诸笔墨，辨别好坏，但是却不敢吃狗肉，并认为这是袁枚的缺点。

正是因为板桥有吃狗肉这个癖好，一些人为了求字画，便以狗肉去换，板桥抵挡不住狗肉的诱惑，常常答应了他们的要求为他们作画。《清朝野史大观》卷十记载了一则关于板桥吃狗肉被骗的故事，故事是说：有一次，有一个盐商求板桥作画，板桥虽然画了，但是却没有上款，盐商始终觉得脸上无光，便想到一个计策。一日板桥到郊外出游，忽然听到琴声悠悠，循声而去，只见林中有一个很大的院落，颇为别样雅致。板桥便叩门而入，见一个老者愁容满面，正坐在那里弹琴，旁边有一个童子正在煮狗肉，板桥大喜，迫不及待地对老者说："您也喜欢吃狗肉吗？"老者说："人间百味，此者最佳。看你也是知味中人，不妨一同品尝，不知意下如何？"板桥连连说好，未通姓名，并坐在一起大嚼。板桥见其墙壁上没有字画装饰，就问那老者，老者说道："没有称心如意的啊，听说这里的郑板桥比较有名，字与画都很不错，可惜老夫却没见过他的书画，不知道他的字画是否真的好呢？"板桥笑着说："你也知道郑板桥啊，我就是啊，我请求为你作画，你看怎么样？"老人说好，就命童子取纸与笔来，板桥吃完狗肉，兴致勃勃，遂尽情挥毫，酣畅淋漓，片刻画完。老者说："贱字某某，请为落款。"板桥说："这不是一个盐商的名字吗？"老者说："老夫取名字时，那个盐商还没出世呢，同名又有何妨，清者自清，浊者自浊。"板桥也没多想，就为他署款，然后作别。

第二天，盐商宴客，派人去请板桥，板桥来到后看到四面挂的都是他昨天画的，才知道那个老者是盐商指使的，大感上当受骗，但事已至此，却是无可奈何了。

## 五、宦海归来老扬州

板桥辞官之后，回到了兴华老家，由于为官清廉，手上还是没有几个钱，为了养家，他又到扬州去卖画了。往来于兴华与扬州，徜徉于山水之间，何其乐也！这时候的板桥诗名、书名、画名早已远播，甚至传到了国外，曾有朝鲜国的宰相李艮特投名请谒，请板桥写字。板桥返回扬州后，宴请昔日旧友，有一个叫李啸村的朋友赠给板桥一副对联，板桥说："啸村韵士，必有佳语。"板桥先请啸村出上联，上联乃是"三绝诗书画"，板桥说："这个下联很难对。当年契丹使者以"三才天地人"出对，东坡对以"四诗风雅颂"，堪称绝对。我们一起想一想，想出来以后再开始酒宴。"可是想了很久，也没有想出来，就让啸村出示下联，乃是"一官归去来"，所有的人都感叹此对工整绝妙。"三绝诗书画"是说板桥的诗、书、画三方面都取得了很高的造诣。张维屏的《松轩随笔》说："板桥大令有三绝，曰画，曰诗，曰书，三绝之中有三真，曰真气，曰真意，曰真趣。"而"一官归去来"则是说板桥做了多年的县官，最终得以辞官，归隐田园，终于不被案牍劳形，能够自由自在地从事他的艺术生活了。

板桥回到扬州的第一幅画是竹子，画上几竿大竹，旁边有数棵新出来的竹笋，并题了一首诗，诗称："二十年前载酒瓶，春风倚醉竹西亭。而今再种扬州竹，依旧淮南一片青。"并盖上两方印，分别为"燮之印"与"二十年前旧板桥"。板桥曾在一封信中说道："板桥当年习画兰竹，只是乱涂乱撇，无所谓家数，无所谓师承。花费了张纸笔墨，自己拿来图贴墙壁，自己玩玩而已。此中不知是何冤孽，二十年前画的是兰竹，无人问起，无人谈论。二十年后画的仍是兰竹，不曾改样，却有人说好，有人出钱要买，甚至有人专喜板桥画的兰竹，肯出大钱收买。二十年前他所摇头不要，送他他亦不受者，二十年后却承他如此看重，赞赏到世间罕有，板桥可谓有福气也！然我自家看看，板桥仍是板桥，兰竹仍是兰竹，到底好在哪里？自家问自家，也问不出一个道理，想是众人说了好，眼里看来也觉好了。"板桥做官之前在扬州卖画时，没有人瞧得起他，后来做了官，有了名声，当年的一些富商也厚颜无耻地来向他求字求画了，板桥感慨前事，所以就刻了一个"二十年前旧板桥"的印章。

板桥回老家兴化过了一个年，于乾隆十九年（1754）春，再次出游杭州，初到杭州时，就给杭州太守吴晢画了一幅墨竹，写

了一幅字，吴太守很是满意欢喜，请板桥饮酒游西湖，送给板桥许多绸缎礼物，又送了四十两银子。而湖州太守李堂早就听说过板桥的名声，他在吴太守处看到字画后，爱不释手，便强行夺走。乌城知县孙扩图是李堂的下属，为了逢迎上司，就将板桥强拉入湖州作一月游，款待甚厚。可见人一出名，便到处有人逢迎。板桥把所赠的金银一部分寄给家里，留下一部分，做旅游之资，游览各地。他仿汉代的司马迁，依照他的足迹，观钱塘，至会稽，探禹穴，游兰亭，往来于山阴道上，悠然自适，过了一段自在逍遥的时光。

过了端午节，板桥返回兴华老家。此后一直到他终老，经常来往与兴化与扬州之间，以写字卖画为乐，同时也是为了养家。此时板桥在生活上还是比较困难的，经济上经常得到同乡好友李鳝的支持。他寄居在李鳝的浮沤馆内，李鳝给他建了一小园，名为拥绿园，实现了他在为官时想与李鳝作画同老扬州的愿望。

乾隆二十年（1755），李鳝定居扬州，板桥到了扬州，便住在李鳝在扬州的寓所，他与友人李鳝、李方膺合作了一幅《三友图》，板桥题诗曰："复堂奇笔划老松，晴江干墨插梅兄。板桥学写风来竹，图成三友祝何翁。"松、梅、竹具有顽强的生命力，在寒冬时候仍然可以傲然挺立，傲骨铮铮，松柏秀拔，梅花怒放，竹不屈节，所以被称为"岁寒三友"。板桥与二李所做的《三友图》也是三个友人傲然不屈的真实性格与壮心不老的象征，同时也象征着三个友人历经岁寒而不可动摇的长久友谊。而也就是在此前后的时间，板桥创作了很多作品，也形成了后来的人们所熟知的"扬州八怪"，"扬州八怪"有郑板桥、李鳝、金农、黄慎、李方膺、汪士慎、高翔、罗聘等八人，他们是一批画风相似的画家，都具有鲜明的个性，是构成扬州画派的重要代表人物，开创了书画创新之风。

乾隆二十一年（1756），板桥与黄慎、王文治等八人相聚宴饮，每人出百钱作永日之欢。板桥画《九畹兰花》以记当时盛况，并题识有曰："座中三老人、五少年：白门程绵庄、七闽黄瘿瓢（黄慎）与燮为三老人；丹徒李御萝、王文治梦楼、燕京于文潜石乡、全椒金兆燕棕亭、杭州张宾鹤仲谋为五少年。午后济南朱文震青雷又至，遂为九人会。因画《九畹兰花》以纪其盛。诗曰：'天上文星与酒星，一时欢聚竹西亭。何劳芍药夸金带，自是千秋九畹青。'座上以绵庄为最长，故奉上程先生携去。"九畹兰是兰花的一个品种，生长于湖北省秭归县周坪乡的九畹溪畔，相传伟大的爱国诗人屈原曾在九畹溪的两畔种满兰花，屈原在《离骚》中也写过"余既滋兰之九畹兮，又树蕙之百亩"的诗句，所以屈原死后，人们就将这里的兰花称为九畹兰。九畹兰正是诗人屈原高洁的人格象征，板桥欢聚之时画《九畹兰花》，也是为了表明其高洁的人格。

乾隆二十二年（1757），两淮盐运使卢见曾在扬州时主持"红桥修禊"的盛事。修禊即文人之间举行的大型酒宴活动。修禊本是源于我国古代的一种古老习俗，即在农历的三月上旬"巳日"这一天，人们相约到水边举行祓祭仪式，并沐浴、洗涤污垢，感受春意，然后用草蘸水洒在身上，借此去灾病、除邪气，祈求平安，祈降吉福。后来文人饮酒赋诗的集会，也称为修禊。历史上著名的有王羲之等人主持的"兰亭修禊"，王羲之作《兰亭集序》，其书法流传千古。"红桥修禊"，即在红桥这个地方举行文人宴会，红桥后来改名虹桥，为"瘦西湖"的第一景，数百年来历代

文人在此处宴乐集会，行文赋诗。清代著名诗人王士祯（后人亦称王渔洋）开红桥修禊的先河，他在扬州为官期间，在此主持风雅，与当时名家集会于此，相与唱和。他与扬州诸名士聚于红桥，众人一起唱和赋诗，游宴不息，在这次修禊中，王士祯作《浣溪沙》三首，其中有"北郭清溪一带流，红桥风物眼中秋，绿杨城郭是扬州"的名句广为流传。当时清代著名词人纳兰性德也曾和《浣溪沙》一首："无恙年年汴水流，一声水调短亭秋，旧时明月照扬州。曾是长堤牵锦缆，绿杨清瘦至今愁，玉钩斜路近迷楼。"后来王士祯又主持了一次"红桥修禊"，当时属和纷纷，达到了空前的盛况。二十多年以后，清代著名诗人、戏曲家孔尚任也发起了一次"红桥修禊"。在这次修禊中有来自八个省的二十多位名士参加，其中有不少还是王士祯的朋友。他在《红桥修禊序》中记载了这次修禊的盛况，其序称："康熙戊辰春，扬州多雪雨，游人罕出。至三月三日，天始明媚，士女被禊者，咸泛舟红桥，桥下之水若不胜载焉。予时赴诸君之招，往来逐队。看两陌之芳草桃柳，新鲜弄色，禽鱼蜂蝶，亦有畅遂自得之意。乃知天气之晴雨，百物之舒郁系焉。"可见当时初春晴日、诸君共乐之情境，在这次修禊中，各省文人名士写出了大量的绝妙佳作，而孔尚任的不朽名作《桃花扇》的创作也多多少少从这次集会中汲取了大量的创作素材。

后来卢见曾也效仿前贤，主持"红桥修禊"。卢见曾主持的"红桥修禊"是继王士祯、孔尚任以来的第三次规模盛大的修禊。卢见曾（1690—1768），字抱孙，号雅雨山人。卢见曾为官有政绩，有一定的威望，而且为人很正直，也喜好诗文。他在做两淮盐运使时，就仿照前贤的壮举，也在扬州红桥举行文人集会，请了众多各界名人来参加，其中有当时名流陈撰、厉鹗、惠栋、郑燮、陈章、沈大成等数十人，他们皆为坐上客，汇聚一堂，相与唱和赋诗。卢见曾先作七言律诗四首，其中名句有"十里画图新阆苑，二分明月旧扬州"，据《扬州画舫录》记载，当时"和修禊韵者七千余人，编次诗三百卷"，一时传为文坛佳话，而就其规模、影响而言，蔚为壮观，可见其盛举。板桥也作有《和雅雨山人红桥修禊》《再和卢雅雨》诗各四首，以记其盛况。

乾隆二十三年（1758），板桥作《与柳斋书》曰："佳政满矣，流及旁邑，况本邑乎？燮在下风，拜露余泽，欣慰之怀非笔舌所能述也。古人一行作吏，诗文笔墨束之高阁，非大才鲜克兼之。足下惠泽满人间，而新诗妙染，纷纭几席，其论文尤清瘦而腴。陈孟公书启、苏子瞻竹石，风流其复见乎？昨在贵治，曲荷周旋，沃领大教。界河船中一会，未罄雅谈，至今耿耿。燮一岁之中，居家者不过二三月，其余则东西南北而已。非尽为贫而出，盖山川风月，诗酒朋侪，性之所嗜，不可暂离耳。老弟屡过敝邑，未展一饭之留，深为歉仄。令兄先生及诸侄、诸年侄，首春清吉，最切怀思，殊深一念之想也。"板桥认为古人一旦做了官以后就把诗与文束之高阁，对于做官与作诗文，只有非常有才的人才能二者兼之。书中通过谈作诗与做官的的关系，赞扬友人之才，为官则有佳政，作诗则独得妙理。

板桥一年之中在家的时间不过两三个月而已，其余的时间都是与朋友游览山川，赏玩风月，这是板桥最嗜好的，也是板桥晚年以此为乐之事。板桥晚年又回到他曾经设馆教书的真州，旧地重游，诗朋酒友，齐聚一堂，作《真州杂诗八首并及左右江县》及《真州八首属和纷纷皆可喜不辞老丑再叠前韵》诗，其中有

"春风十里送啼莺，山色江光翠满城""山花雨足皆含笑，絮袄春深欲换绨"、"山雨乍晴如洗沐，江烟一起又黄昏"的诗句，描写了真州美丽的自然风光，抒发了对这里的怀念之情。又有"后庭遗曲江边唱，又听隋家《清夜游》""真州漫笑弹丸地，从古英雄尽往还"、"挂冠盛世才原拙，卖字他乡道岂尊"等诗句，借古抒怀，也道出了晚景凄凉、卖字他乡的不幸遭遇。

这一年，板桥的二女儿出嫁袁氏，板桥为其作《兰竹石图轴》，并题曰："官罢囊空两袖寒，聊凭卖画佐朝餐。最惭无隐奁钱薄，赠尔春风几笔兰。"画竹作嫁妆，可见其经济状况并不是很好，但两袖空寒，卖画佐餐，对于板桥来说已然常事，而且他也不以为意。况且板桥的画早已经声名远扬了，许多人来求板桥作画，板桥还不一定答应要画，所以用画作嫁妆也是板桥的用心之处，也可以看出板桥洒脱的性情。关于板桥嫁女书上有很多记载，据《清代名人轶事·风趣类》载："板桥先生之淡宕风流，夫人知之矣。其玩世不恭，直有可友竹林而师柳下者，世多未之传也。予尝闻诸父老曰：先生有女，笃爱之，井臼针黹无一能，而工画工诗，颇得其父意。先生欲嫁之而难其偶，适有友而鳏者，所学所好与之同。先生相之，喜曰：'吾婿无逾此者。'遂约焉。归则诡谓其女曰：'明日携汝佳处游，当不负也。'女喜从之友所，友酌之。已，先生命女曰：'此汝家也，其安之。'女喻父意，遂不去。而所谓问名纳采诸缛礼，概无有焉。先生曰：'非吾不能有此也，非此女不能嫁此夫也。'其荡佚礼法有如此。"这段话是说板桥有一个女儿，他非常喜爱。他的女儿不会做一些针线活类的家常琐事，但是却能诗会画，深得板桥遗传。板桥想要嫁女儿，却难以找到合适的女婿，恰巧他有一个朋友丧妻很久，还没有结

婚，而且与他女儿所学所好皆同，板桥很高兴就认定了这个女婿，就与朋友相约见面，板桥就带着女儿去了，相见甚欢，共饮美酒，酒尽人去之时，板桥对他的女儿说："这就是你的家，你安心的在这里吧。"他的女儿知道他父亲的意思就留下了。其他的一些婚嫁礼俗皆不谈，板桥说："也就是我能有这么个女儿，也就是我的女儿才能嫁给这样一个夫君。"可见他不拘于礼法、跌宕洒脱的真实性情。文中所记之事并不一定真实，但也可以从中想见板桥的性格。《清朝野史大观·清代述异》也记载了此事，只是文字略有异处而已。这一年板桥与金农、陶元藻等人每月在扬州诗酒唱和，而板桥的知遇之友慎郡王允禧于这一年去世，板桥感到非常悲伤，而允禧与板桥的结交也被传为佳话。

乾隆二十四年（1759），板桥题《宋拓圣教序》有言："用墨之妙，当观墨迹，其浓淡燥湿，如火如花。用笔之妙，当观石刻，其弱者强之，肥者瘦之，镌手亦大有力。新碑不如旧碑，取其退火气。然三四百年后，过于剥落，亦无取焉。郑燮又记。"其中论用墨、用笔之法，颇有独到之处。他又作《兰竹石图横幅》，并题诗，其诗称："近处香微远处赊，随风飘渺透烟霞。青山翠竹方为伴，洗尽凡心看此花。画兰画竹已多年，竖抹横拖近自然。更向云中画山石，令人如望藐姑仙。"以表明心迹。

板桥于这一年制定润笔榜，规定写字作画要按价收钱。写字作画，本是闲来之雅事，写来则陶冶性情，画来则愉悦身心。如果要是跟钱沾上边，则未免太俗了。自古文人写字作画，也有很多轶事，然而却从来不涉及到钱的问题。比如晋代王羲之喜欢鹅，就曾经用字换过山阴道士的鹅。据《晋书》记载："王羲之性爱鹅。会稽有孤姥，养一鹅善鸣，求市未得，遂携亲友命驾就观。

姥闻羲之将至，烹以待之，羲之叹惜弥日。又山阴有一道士好养鹅。羲之往观焉，意甚悦，固求市之。道士云：'为写《道德经》当举群相赠耳。'羲之欣然写毕，笼鹅而归，甚以为乐，其任率如此。"宋朝苏轼也曾写字换过羊肉，但这也只是偶然为之。

到了明清时期，随着资本主义的萌芽，商品经济到迅速发展，这也反应到文化生活上面来，一些贫苦的士人就以卖画为生，加之一些商人附庸风雅，不惜重价购得文人字画来装饰门堂。这就促进了艺术的商业化，写字作画，也成了一种谋生的手段。板桥早年未做官时也曾在扬州卖过画，但当时并不出名，也没人捧场。后来辞官，他的画已经非常出名了，再来扬州时，求画之人非常的多了。由于板桥已经六十七岁，年老神倦，而求字求画之人越来越多，往往力不从心，板桥在无奈之下，听从拙工和尚的建议，自定书画润格。其润格规定："大幅六两，中幅四两，小幅二两；书条、对联一两，扇子、斗方五钱。凡送礼物食物总不如白银为妙。盖公之所送，未必弟之所好也。若送现银则中心喜乐，书画皆佳。礼物既属纠缠，赊欠犹为赖账。年老神倦，亦不能陪诸君子作无益语言也。"并写了一首诗曰："画竹多于买竹钱，纸高六尺价三千。任渠话旧论交接，只当秋风过耳边。"辞官多年，在扬州卖画，整日里被索画的人纠缠，遂作了此榜来规定，不合者则不画，从中我们可以看出板桥的幽默风趣之处。而有些卖画的假名士，口里虽不言钱，但要的酬资非常多，相比之下，谁俗谁雅，也就看的清清楚楚了。板桥卖画所得之钱，除了养家之外，还经常接济那些贫苦之人。据《清史列传·郑燮传》中称："（板桥）尝置一囊，储银及果食，遇故人子及乡人之贫穷者，随所取赠之。"我们可以想象一下这样的场景：一个年近七旬的老者，背着一个旧布袋，里面装着些许银子和瓜果，来往与扬州与兴化之间，遇到故人之子以及乡里贫困之人，就拿出银子或瓜果送给他，以此为乐，这是一个多么慈祥而又和蔼的老者啊。

板桥还为唐君欣若作《集唐诗序》，发表了对集唐诗的见解，其序称："集唐诗，则必读唐诗，而且多读唐诗。自李、杜、王、孟、高、岑而外，极幽极冷之诗，一旦火热，使得翻阅于明窗净几之间，此亦天地间一大快事也。读唐诗，则必钻其穴，剖其精，抉其髓，而后能集之。使我之心，即入乎唐人之心，而又使唐人之心，即为我之心。常觉千古之名流高士，俨聚一堂，此又天地间一大快事也。集唐之难，不得参差错落，谬托于古；必须五七言律，字字对仗精工，而又流利通适。往往有六句七句，独欠一句，左对右对，皆不得妥；三月两月，搔首搔耳，而其句不成。及一触忽然得之，如获异宝，如释滞疾，此又天地间一大快事也。有时集句已成，颇自得意，而亦少有未安。良朋好友猝至，指之曰：某句未妥。则心病一挑，不能藏匿。而又有一友从旁曰：以某句对之，何如？顿觉天衣无缝，如铸成的，如树上结的，如圣叹之有断山相资相助，皆得并传于世，此又天地间一大快事也。"他认为想要集唐诗，首先必先熟读唐诗，要"钻其穴，剖其精，抉其髓"，方能集之。将己之心，出入于唐人之心，才能与唐人之心相契合。然后，好像与唐代名流相聚一堂，这不得不说是一件大快人心的事情。集唐诗又是一件很难的事，往往有一句欠佳之处，便哪里都不对劲，就搔首搔耳，忽然之中得到了，便如获至宝，又是天地间一大快事。对于友人所集唐诗给予高度的赞扬。

乾隆二十五年（1760），板桥于汪氏文园作《刘柳村册子》，述自己之生平经历，其中有曰："板桥最穷最苦，貌又寝陋，故

长不合于时；然发愤自雄，不与人争，而自以心竞。四十外乃薄有名，所谓诸生曰'万盈四十乃知名'也。其名之所到，辄渐加而不渐淡，只有中有汁浆耳。庄生谓：'鹏怒而飞，其翼若垂天之云。'古人又云：'草木怒生'，然则万事万物何可无怒耶？板桥书法以汉八分杂入楷行草，以颜鲁公《座位稿》为行款，亦是怒不同人之意。"提出书法中"怒不同人"的看法。板桥又作了一篇《板桥自序》，其中有曰："板桥居士读书求精不求多，非不多也，唯精乃能运多，徒多徒烂耳。少陵七律、五律、七古、五古、排律皆绝妙，一首可值千金。板桥无不细读，而尤爱七古，盖其性之所嗜，偏重在此。《曹将军丹青引》《渼陂行》《瘦马行》《兵车行》《哀王孙》《洗马兵》《缚鸡行》《赠毕四曜》，此其最者；其余不过三四十首，并前后《打鱼歌》，尽在其中矣。是《左传》、是《史记》、似《庄子》《离骚》，而六朝香艳，亦时用之以为奴隶。大哉杜诗，其无所不包括乎！"其中对杜诗的尊崇可见一斑。而对自己之诗，板桥也颇为得意。他在序中说："板桥诗如《七歌》，如《孤儿行》，如《姑恶》，如《逃荒行》《还家行》，试取以与陋轩同读，或亦不甚相让；其他山水、禽鱼、城郭、宫室、人物之茂美，亦颇有自铸伟词者。而又有长短句及家书，皆世所脍炙，待百年而论定，正不知鹿死谁手。"其《七歌》《孤儿行》《姑恶》《逃荒行》《还家行》等诗抒发的是自己身世之悲与民生疾苦，都是真情的流露。他认为作诗就应多反映民生疾苦，这也是他之所以推崇杜甫的原因。板桥还说："平生无不知己，无一知己。其诗文字画每为人爱，求索无休时，略不遂意，则怫然而去。故今日好，为弟兄，明日便成陌路。"求板桥作画的人，给他作，则欢喜，稍不称意，则生气而去，所以今天与板桥

称兄弟，明日可能就成了陌路，可见那些人的丑恶嘴脸，也可见板桥之幽默。

板桥六十九岁时，与杭世骏等人游扬州铁佛寺，饮酒赋诗。这一年罗聘的妻子方婉仪三十岁，板桥为其作《石壁丛兰轴》，并题诗曰："板桥道人没分晓，满幅画兰画不了。兰子兰孙百辈多，累尔夫妻直到老。"以幽默的口吻表达了对罗聘夫妇的祝福。

板桥年届古稀之时，创作颇为丰富。他作《兰竹石图轴》赠给他的同学，并题诗曰："老夫自任是青山，颇长春风竹与兰。君正虚心素心客，严阿相借又何难！"以表明其志；又作《墨竹四屏条》，其四曰："老老苍苍竹一竿，长年风雨不知寒。好教真节青云去，任尔时人仰面看。"表明其高洁之心；又作《兰竹图轴》发表对画兰的看法；又作《竹石堂幅》并题识曰："竹也瘦，石也瘦，不讲雄豪，只求纤秀，七十老人尚留得少年气候。"可见板桥之洒脱；又作《兰竹石图轴》《兰竹石四屏条》，其《兰竹石》曰："四时不谢之兰，百节长青之竹。万古不变之石，千秋不变之人。写三物与大君子为四美也。"以志其高节，此后板桥也有过很多的创作，同时也不乏对书画的看法。

乾隆三十年（1765），七十三岁的板桥创作了许多作品，作有《竹石图横幅》《修竹新篁图轴》等。他五月三日所作《修竹新篁图轴》并题曰："两枝修竹出重霄，几叶新篁倒挂梢。本是同根复同气，有何卑下有何高？"表现了板桥不屈不挠的节气。他还为蔚起作《行书江晴诗扇画》，为永公大和尚作《瘦竹图轴》，为济翁、玉老作《竹石图轴》。这一年十二月十二日，板桥病逝于拥绿园，享年七十三岁。这一时期前后，扬州画坛上许多比较有名的画家已经逝去，"扬州八怪"之李方膺、金农先后离世，汪士慎也坏了一只眼，黄慎也回了老家。只有金农的弟子罗聘正值年盛。板桥死后葬于兴化县城东管阮庄。板桥的一生经历了许多坎坷，而且穷困潦倒。在做官前，他想走的是一条读书做官的道路，他刻苦读书，希望能取得功名，做一番事业。但是做了县官后，他了解到官场的黑暗以及百姓的疾苦，深感力之不足，遂辞官归隐，后以卖画为生，终老于扬州，观其一生，可歌可叹。

# 第二章　郑板桥的诗词

　　板桥在清代主要是以书画出名，但是他的诗词在当时也取得了很高的成就，所以他也是一位杰出的诗人与词人，为后人留下了诸多有价值的作品。板桥生于康熙三十二年（1693），他是"康熙秀才、雍正举人、乾隆进士"，历经康熙、雍正、乾隆三朝，所处的时代正是清王朝所谓的"盛世"。这一时期的清朝正处于中叶，政治经济的发展相对稳定繁荣，并出现了雍正、乾隆两朝的"盛世"局面，明清之交遭到破坏的生产力逐步得到恢复和发展，以商业和手工业为中心的资本主义萌芽的城市经济也急速地发展起来，社会经济极度繁荣。但是盛世中逐渐显露出种种社会矛盾，这种繁荣的背后隐藏着严重的社会危机。由于封建地主阶级的生活极端腐朽奢侈，而小农生产者的却极端贫困，又加之土地兼并严重与经济剥削的不断加重，使广大农民生活处于十分困苦的境地。在意识形态领域，统治者大兴"文字狱"，实行政治上的高压政策，文坛上笼罩着浓厚的复古主义和形式主义的风气。一方面经济的繁荣使得社会上的读书风气高涨，文学创作活动相当活跃，文学创作出现了不少的风格和流派，以诗为例，如以沈德潜为代

表的格调派、以翁方纲为代表的肌理派、以袁枚为代表的性灵派等，可谓流派纷呈，才人辈出。另一方面，一些社会矛盾也逐渐显露，一些生活在下层的文人以敏锐的眼光发现了这种深藏的危机。由于板桥身处下层，更能直接地观察到这种矛盾，所以板桥是一个吟唱盛世悲歌的代表人物，他的诗歌多反映现实，又与袁枚的性灵派遥相呼应。他的诗歌创作个具有鲜明个性，独具一格。不仅在诗的创作上，板桥在词的创作上也取得了一定的成就，不论诗与词都具有鲜明的艺术特点，在清朝中叶也是独具特色。

## 一、板桥诗作

板桥的诗歌大约有四百多首，内容非常的丰富，无所不包，而且语言慷慨激昂，情感真挚。从诗歌的题材范围以及诗歌所反应的内容来看，包括反映民生疾苦、自写性情、吊古伤今、山水田园之类，其诗歌的内容不仅具有鲜明的艺术特色，而且还闪烁着打破陈旧、创新超前的性灵之光。

### （一）抒写民生疾苦

板桥的诗歌多抒写民生疾苦之作，诗中经常流露出对下层贫苦百姓生活状态的关注，这也许是与板桥从小的生活状况有关。板桥虽生活在书香世家，但是家境并不是很好，三岁丧母，父亲靠教书养家，这种悲苦的境遇在板桥以后的诗作中多有反映。而且板桥的一生大部分时间是在社会的底层度过的，生活总是不如意，三十岁时曾有过"爨下荒凉告绝薪，门前剥啄来催债"的困顿局面。面对困难他只好"十载扬州作画师"，以卖画为生，直到五十岁时，才当上了一个小小的七品县官，为官清廉，生活也没有好转，十余年的仕宦生涯，使他进一步看到了民生的疾苦和官场的黑暗，认识到了自己对现实政治的无能为力，而罢官以后又回到了扬州卖画，终老江湖。板桥不幸的遭遇以及他自身的怜悯之心，使他对贫苦百姓有了更多的理解与同情，也使他对劳动人民更加的关注，而且还给予高度的赞扬。如《抚孤行》：

十年夫殁扃书簏，岁岁晒书抱书哭。缥缃破裂方锦纹，玉轴牙签断湘竹。孀妇义不卖藏书，况有孤雏是遗腹。四壁涂鸦嗔不止，十日索墨五日纸。学俸无钱愧塾师，线脚针头劳十指。灯昏焰短空房黑，儿读无多母长织。败叶走地风沙沙，检点儿眠听晓鸦。

这首诗对一位死去了丈夫的下层妇女独自养家的艰辛表示深刻的同情，赞扬了孀妇的坚贞。她的丈夫亡去世已经有十年多了，而每当翻开丈夫的书箱子晒书的时候，都能回想起昔日的美好时光，想昔日时光已不再，就抱着书哭泣。而且在丈夫死后，独自一人抚养孩子，孩子上学时没钱交学费，对老师感到非常愧疚，只好做些针线活，每天都会很晚才睡觉，靠那点微薄的收入来养家，就是在这种艰难的时候她也不肯卖掉丈夫的藏书，这种坚韧的精神以及对亡故丈夫那种思念真是令人感慨不已。板桥用细腻动人的笔调，选取不同的侧面，描写了孀妇守节和抚养孤儿的艰辛，细节感人肺腑，情境凄婉悲凉，寄托了他深切的同情。

板桥在山东做官的时候，曾刻有"痛痒相关""恨不得填满了普天饥债"的印章，可见板桥对百姓的关切之情。而在上任潍县之时，潍县正遭遇了黄河水灾，情况非常严重，黄河泛滥，淹没农田，随之而来的便是饥荒，可怜的百姓们失去了农田，没有了收获，不得不外出逃荒，他看见很多逃荒的人便写了长诗《逃荒行》来表达他的不忍之心，他的《逃荒行》如实地记录了当时灾民不幸的苦难遭遇，诗中这样写道：

十日卖一儿，五日卖一妇。来日剩一身，茫茫即长路。长路迂以远，关山杂豺虎，天荒虎不饥。肝人伺岩阻。豺狼白昼出，诸村乱击鼓。嗟予皮发焦，骨断折腰脊。见人目先瞠，得食咽反吐。不堪充虎饿，虎亦弃不取。道旁见遗婴，怜拾置担釜。卖尽自家儿，反为他人抚。路妇有同伴，怜而与之乳。咽咽怀中声，咿咿口中语。似欲呼爷娘，言笑令人楚。千里山海关，万里辽阳戍。严城啮夜星，村灯照秋浒。长桥浮水面，风号浪偏怒。欲渡不敢撄，桥滑足无履。前牵复后曳，一跌不复举。过桥歇古庙，聒耳闻乡语。妇人叙亲姻，男儿说门户。欢言夜不眠，似欲忘愁苦。未明复起行，霞光影踽踽。边墙渐以南，黄沙浩无宇。或云薛白衣，征辽从此去。或云隋炀皇，高丽拜雄武。初到若凤经，艰辛更谈古。幸遇新主人，区脱与眠处。长犁开古碛，春田耕细雨。字牧马牛羊，斜阳谷量数。身安心转悲，天南渺何许。万事不可言，临风泪如注。

此诗真实地再现了广大农民群众在残酷剥削和灾荒泛滥的双重压迫下，挣扎在死亡线上的悲惨境遇。诗中运用凄惨的笔调叙述了逃荒之民的不幸。诗的开头写到逃荒的人把妻子和儿女都卖了，只剩下自己一人在漫漫的逃荒之路上，孤独窘困。路上又有豺狼虎豹般的贪官污吏搜刮阻拦。善良贫困的人，见到路边死人

旁边遗弃的婴儿，怕让豺狼吃了，就放在自己的担子上挑着继续逃荒。他们把自己的孩子卖了，但却为别人抚养孩子，继续奔波。道路上有同是逃荒的妇人可怜孩子，就给孩子喂奶，怀中孩子的呀呀哭声，就像在呼唤自己的父母，令人痛心难过。板桥把那些贪官污吏比作虎豹豺狼，不管是否灾荒，经常对那些穷苦的人盘剥和压榨。而那些穷苦而又心地善良的人们为了活命，把自己的妻儿卖掉，见到遗弃的婴儿却还要捡来抚养，这是多么悲凉的情境啊。以鲜明的对比表达了诗人对穷苦人们的同情和对那些欺压百姓的贪官污吏的憎恨。诗的后面写那些逃荒的人们，经山海关往关东逃奔，一路上又遭受了多少盘剥、追问和欺压，又受了多少风霜凄凉，终于碰到好心人给予帮助，并有了落脚的地方，又想起什么时候才能回到家乡，万事都藏在心中，眼泪不知不觉的倾泻如注。板桥的这首诗对逃荒之人的不幸遭遇描绘的淋漓尽致。诸如此类反映民生疾苦的诗还有《还家行》《思归行》，受到杜甫"三吏""三别"的影响，言辞凄切，歌调悲凉。

据刘熙载《重修兴化县志》卷八记载："调潍县，岁荒，人相食。燮开仓赈贷，或阻之，燮曰：'此何时？俟展转申报，民无孑遗矣。有谴我任之。'发谷若干石，令民县领券借给，活万余人。"是说在潍县闹灾荒的时候，板桥下令开仓振贷，而这中间要经过很多程序，有人阻拦他，他就说等申报完了，有很多人都要饿死了，有什么责任直接找他，可见他对民众的关怀。板桥曾画过一幅竹子并题了一首诗说："衙斋卧听萧萧竹，疑是民间疾苦声。些小吾曹州县吏，一枝一叶总关情。"就是在平时听到风吹竹叶的声音，板桥也会联想到百姓的贫苦，可以看出板桥对民间疾苦的关怀。

板桥诗歌在对劳动人民给予同情之时，也对那些欺压百姓的贪官污吏给予痛快的鞭挞，如《悍吏》一诗：

县官编丁著图甲，悍吏入村捉鹅鸭。县官养老赐帛肉，悍吏沿村括稻谷。豺狼到处无虚过，不断人喉抉人目。长官好善民已愁，况以不善司民收。山田苦旱生草菅，水田浪阔声潺潺。圣主深仁发天庾，悍吏贪勒为刁奸。索逋汹汹虎而翼，叫呼楚挞无宁刻。村中杀鸡忙作食，前村后村已屏息。呜呼长吏定不知，知而故纵非人为。

这首诗描绘了一幅悍吏到乡村搜刮百姓的典型场面。诗中的悍吏入村，捉鸡捉鸭，搜刮民脂，无恶不作，横行霸道，气势汹汹，所至之处，鸡犬不宁。板桥通过这首诗来揭露那些狐假虎威的官吏贪婪残暴的丑恶面目。语言直白如话，继承了杜甫、白居易的现实主义诗歌传统，表现了他对百姓的同情，体现了他为民说话的民主思想。另一首《私刑恶》也表达了同样的观点：

官刑不敌私刑恶，掾吏搏人如豕搏。斩筋抉髓剔毛发，督盗搜赃例苛虐。吼声突地无人色，忽漫无声四肢直。游魂荡漾不得死，婉转回苏天地黑。本因冻馁迫为非，又值奸刁取自肥。一丝一粒尽搜索，但凭皮骨当严威。累累妻女小儿童，拘囚系械网一空。牵累无辜十七八，夜来锁得邻家翁。邻家老翁年七十，白梃长椎敲更急。雷霆收声怯吏威，云昏雨黑苍天泣。

在这首诗的前面，有一则小序言："自魏忠贤考略群贤，淫

刑百出，其遗毒犹在人间。胥吏以惨掠取钱，官长或不知也。仁人君子，有至痛焉。"诗前小序对私刑的毒害感到了痛恨，在诗中又痛斥了"斩筋抉髓"的淫刑。这种万恶的私刑施加起来极为残酷，往往使犯人哭天喊地，面无人色，使人受尽折磨，死去活来，魂飞魄散，板桥对这种私刑进行深刻地揭露。

板桥诗作还具有现实主义特色。这一方面的代表作是他在做官时写的四十首《潍县竹枝词》。《潍县竹枝词》是描写潍县风土人情的一组诗。《竹枝词》本是唐代乐府曲名，也称"竹枝""竹枝子"，是一种先前流传于渝东(今四川东部)一带的民歌。到了唐代，竹枝词逐渐被文人吸取，运用到诗中，成为一种崭新的诗体，竹枝词发展到了一个新的境界。后来刘禹锡为夔州刺史时，汲取了巴人竹枝歌舞的精华，创作了《竹枝词九首并序》《竹枝词二首》，刘禹锡的这十一首竹枝词，每首七言四句，形同七绝，泛咏风物，歌咏恋情，具有浓厚的生活色彩，而在语言上则通俗易懂，活泼自然，富有浓郁的乡土气息，如我们熟知的："杨柳青青江水平，闻郎江上唱歌声。东边日出西边雨，道是无晴却有晴。"然而岁月变迁，竹枝舞曲已经不复本来面目，但却发展成为一种诗体在世上流传，展现了其永久的生命力，显示出其独特的艺术风格和魅力。其后的许多文人都作有竹枝词，这是他们从民歌中汲取营养的必然结果。板桥的四十首竹枝词，体现了新的内涵，这四十首竹枝词用清新质朴的语言描写风俗，又用深刻的语言、鲜明的对比、隐括的讽喻全面再现了当时潍县的社会生活，揭露了当时深刻的社会矛盾，于嬉笑怒骂之中，具潇洒风流之致。这些诗不仅表现在描绘事物上具有强烈的写实气氛，而且还表现在能透过生活的表面，表现生活的某些本质。诗人没有把自己的

笔触仅仅停留在这种描绘上，而是着意揭露了在这种描绘下的一些阶级矛盾，揭露繁华外表掩盖下的贫富悬殊，集中显示了尖锐的阶级对立。如《潍县竹枝词》其二、其四、其六分别描写了富商们拥有广阔的良田美产，过着斗鸡走狗、饮甘食肥的罪恶生活。其二云："斗鸡走狗自年年，只爱风流不爱钱。博进已赊三十万，青楼犹伴美人眠。"揭露了富豪们的风流奢华的生活；其四云："四面山光草木深，良田美产贵千金，呼卢一夜烧红蜡，割尽膏映不挂心。"揭示了富商们的奢侈挥霍；其六云："大鱼买去送财东，巨口银鳞晓市空。更有诸城来美味，西施舌进玉盘中。"揭露了富商们饮甘食肥的罪恶生活。另外，《潍县竹枝词》中的一些诗描写广大农民的痛苦生活。农民由于土地的兼并，官差的压榨，再加上灾荒连年，广大百姓们纷纷破产，过着痛苦不堪的生活，如其第二十四首称："绕郭良田万顷赊，大都归并富豪家。可怜北海穷荒地，半篓盐挑又被罕。"其二十六称："二十条枪十口刀，杀人白昼共称豪。汝曹躯命原拼得，父母妻儿惨泣号。"其二十九称："东家贫儿西家仆，西家歌舞东家哭。骨肉分离只一墙，听他答骂由他辱。"其三十四称："征发钱粮只恨迟，茅詹郁屋又堪悲。扫来草种三升半，欲纳官租卖与谁?"都描写了广大农民的困苦。板桥的四十首《潍县竹枝词》对当时社会上的世风浅薄、人情丑态也都有深刻的揭露和批判，并希望通过这些诗的揭露能够唤醒社会的良知，意图恢复陶唐时代那种淳朴敦厚的民风，实现他"与君携手入陶唐"的美好愿望。另外，板桥的《孤儿行》《后孤儿行》《姑恶》《比蛇》等诗也反映了当时的一些社会现状，都具有深刻的现实意义。板桥的这些写实诗作，语言简洁，描写直白，继承了杜甫、白居易的写实主义大家的优秀传统，具有深刻的现实主义特征。

### (二) 自我抒怀之作

板桥的诗歌中也不乏抒写自身遭遇之作，常常在他的笔端流露着真挚的情感。由于板桥的生活困苦，又有诸多的不如意之处，便把他的不如意写进诗中，如他的《七歌》组诗，其一写道："郑生三十无一营，学书学剑皆不成。市楼饮酒拉年少，终日击鼓吹竽笙。今年父殁遗书卖，剩卷残编看不快。爨下荒凉告绝薪，门前剥啄来催债。呜呼！一歌兮歌逼侧，皇遽读书读不得！"述说了自己三十岁时却一无所成，他的父亲已经过逝，而家中又无米无柴，又被官吏催债，为生活所迫的悲苦情境。其二写道："我生三岁我母无，叮咛难割褓中孤。登床索乳抱母卧，不知母殁还相呼！儿昔夜啼啼不已，阿母扶病随啼起。婉转噢抚儿熟眠，灯昏母咳寒窗里。呜呼！二歌兮夜欲半，鸦栖不稳庭槐断！"陈诉了自己三岁丧母的不幸遭遇，因为当时在褓褓之中，母亲不在了还登床索乳哭泣。其三写道：无端涕泗横阑干，思我后母心悲酸。十载持家足辛苦，使我不复忧饥寒。时缺一升半升米，儿怒饭少相触抵。伏地啼呼面垢污，母取衣衫为澌洗。呜呼！三歌兮歌彷徨，北风猎猎吹我裳！"诗中述说了后母对他的抚养，十载持家的艰辛，非常凄苦悲凉。其他四首分别写了叔叔对他的偏爱，他落拓江海，外出谋事不成回来"千里还家到反怯，入门忸怩妻无言"的窘迫，痛歌"丈夫意气闺房沮"的无奈，儿女"啼号触怒事鞭朴，心怜手软翻成悲"的辛酸和"清晨那得饼饵持，诱以贪眠罢早起"的尴尬。七首诗歌道出了板桥三十岁之前的困苦生活状态，情感真挚，我们从中可以体会到板桥的辛酸与苦楚。

板桥还有《哭犉儿五首》写的更加悲凉，板桥的儿子犉儿早夭，面对丧子的悲痛，板桥对天无语，对地无言，只有在诗中发出痛苦的哀嚎。其一称："天荒食粥竟为长，惭对吾儿泪数行。今日一匙浇汝饭，可能呼起更重尝！"诗中写祭奠夭折的儿子，递给他一碗饭，却不能呼他起来尝，这是多么绝望的心境啊！其二称："歪角鬅儿好戴花，也随诸姊要盘鸦。于今宝镜无颜色，一任朝光满碧纱。"回忆犉儿生前鬅前戴花，跟随姐姐玩耍的情景。而今却宝镜无颜色，昔日里的娇态于今却在何处，已经看不见旧时身影了。其三称："坟草青青白水寒，孤魂小胆怯风湍。荒涂野鬼诛求惯，为诉家贫楮锭难。"其四称："可有森严十地开，儿魂一去几时回？啼号莫倚娇怜态，逻刹非而父母来。"其五称："蜡烛烧残尚有灰，纸钱飘去作尘埃。浮图似有三生说，未了前因好再来。"这几首都是写他想到他的儿子孤魂小胆不堪荒涂野鬼的纠缠，以及相信因果之说，希望他能回来，虽然是虚幻的想象，但正是在这中虚幻当中，写出了他的悲恨与哀伤。

## （三）怀古咏史之作

板桥的诗作中也不乏怀古咏史之作，内容非常的复杂，在这些作品中都反映出他强烈的个人情感，如其《巨鹿之战》：

怀王入关自聋瞽，楚人太拙秦人虎，杀人八万取汉中，江边鬼哭酸风雨。项羽提戈来救赵，暴雷惊电连天扫，臣报君仇子报父，杀尽秦兵如杀草。战酣气盛声喧呼，诸侯壁上惊魂逋，项王何必为天子，只此快战千古无。千奸万黠藏凶戾，曹操朱温尽称帝，何似英雄骏马与美人，乌江过者皆流涕！

"巨鹿之战"是发生在秦朝末年的一次农民起义战争，秦末社会矛盾全面激化，农民起义风起云涌。由项羽率领的数万楚军，同秦将章邯、王离所率四十余万余万秦军在巨鹿（今河北平乡）进行交战。在这次战争中，虽然实力悬殊，但项羽破釜沉舟，鼓舞士气，取得了最终的胜利，这也是历史上以少胜多的一次战役。此诗一开篇就显示出一种雷霆万钧的气势。这次战役中，诗人首先描绘了一幅血雨腥风的战争场景，杀人如麻，江边风雨如鬼哭，接着述写项羽与秦兵惊心动魄的背水一战，然后取得关中。战场上项羽气势干云，杀敌无数，令敌人胆战心惊。虽然项羽最终没有建立帝业，但诗中提出"项王何必为天子"的观点，认为作为一个英雄，项羽却是千古没有的，只凭英雄、骏马与美人足以让人铭记，也足以留名千载，彪炳万世。诗的语言节奏铿锵、刚劲有力，有一种刚健豪迈、沉着痛快之美。其所表现的气势有一股豪壮之气激荡澎湃，使人读后胸中顿觉开阔明朗，有豪情万丈之感。板桥通过这首诗表达了他不同于别人的看法，也体现了他不随波逐流的高尚品格。板桥还有一首咏项羽的诗，其诗曰："已破章邯势莫当，八千弟子赴咸阳。新安何苦坑秦卒，坝上焉能杀汉王。玉帐深宵悲骏马，楚歌四面促红妆。乌江水冷秋风急，寂寞野花开战场。"也流露出对项羽的同情。

板桥的另一首咏史怀古之作是《铜雀台》：

铜雀台，十丈起，挂秋星，压寒水。漳河之流去不已，曹氏风流亦可喜。西陵松柏是新栽，松下美人皆旧妓。当年供奉本无情，死后安能强哭声。總帏八尺催歌舞，懒慢盘鸦鬓不成。若教卖履分香后，尽放民间作佳偶。他日都梁自捡烧，回首君恩泪沾袖。

　　铜雀台位于今天的河北省邯郸市临漳县境内，这里古称邺，古邺城建于春秋齐桓公之时。三国时曹操击败袁绍后建邺都，修建了铜雀、金虎、冰井三台。铜雀台为历史遗迹，历代文人都对其有所吟咏，如"铜雀春秋锁二乔"。板桥的这首诗就是对这个历史古迹的吟咏。诗的开头用"挂秋星，压寒水"来描写铜雀台雄伟的气势。"当年供奉本无情，死后安能强哭声"是作者替那些被奴役的女子发出的不平之声。"若教卖履分香后，尽放民间作佳偶"反映出作者对宫女的同情。另外板桥有一首诗叫《邺城》，其诗云："划破寒云漳水流，残星画角动谁楼。孤城旭日牛羊出，万里新霜草木秋。铜雀荒凉遗瓦在，西陵风雨石人愁。分香一夕雄心尽，碑板仍题汉彻侯。"抒发了他吊古伤今之情。

　　板桥还有几首名为咏史怀古之诗，如《易水》诗曰："子房既有椎，渐离亦有筑。荆卿利匕首，三人徒碌碌。世浊无凤鳞，运否纵蛇蝮。雷霆避其威，人谋焉得速。萧萧易水寒，悄悄燕丹哭。事急履虎尾，愤辕终败辀。酒醋世上情，一往不可复。"其《咏史》诗云："蜂起孤鸣几辈曹，是真天子压群豪。何须愧偏诸龙种，拜冕垂旒赠一刀。"又云："天位由来自有真，不须划削旧松筠。汉家子弟幽囚在，王莽犹非极恶人。"在这几首诗中，板桥以一种史家的冷静眼光来看待历史，荆轲乃是一个勇于献身的壮士，作者对其刺秦的结果深表遗憾。曹操乃乱世枭雄，却在乱世中能以自己的谋略与才气"压群豪"，但板桥对其"挟天子以令诸侯"的做法是不赞成的。王莽篡汉，在诸多人眼中几乎是罪不可赦，但板桥偏发出"王莽犹非极恶人"的言论，表现了作者不拘俗见的眼光。板桥在这些咏史怀古之诗中通过借古喻今的表现手法，既表现出激昂慷慨的情感，同时也显示出自己的客观与冷静。

### （四）写景抒情之作

板桥诗歌有也有很多是描绘山水风光的写景抒情之作。在这些诗篇中，诗人感叹于造化的神奇，领略了自然风光的绚丽多姿而情不自禁地进行抒情，诗中往往呈现出一幅幅自然的山水田园图画。诗人在残酷的现实社会中屡屡碰壁，满腔的愤感郁积于中而无处宣泄，就借景抒情，在洁净秀丽的自然山水田园之中徜徉，求得在精神上的安慰与解脱。如其《由兴化迂曲至高邮七截句》是一组描绘渔家生活的组诗，其中有云："湖上买鱼鱼最美，煮鱼便是湖中水。打桨十年天地间，鹭鸶认我为渔子。"又如："一塘蒲过一塘莲，井叶菱丝满稻田。最是江南秋八月，鸡头米赛蚌珠圆。"诗的语言清新明丽，亲切自然。描写的都是江南渔家景色，在板桥的诗中，这种渔家的生活画面曾多次涉及。如其《渔家》诗曰："卖得鲜鱼百二钱，朵粮炊饭放归船。拔来湿苇烧难着，晒在垂杨古岸边。"其言"晒在垂杨古岸边"表面上看显得安静闲适，悠然自在。然而板桥的描写只是用了一种相反笔调，表达了一个相反的意思。在板桥的笔下，渔家的生活并不闲适，渔人为了生计奔波劳碌，生活上的压力非常的大，经常使他们处于一种穷苦困顿的状态，他所描写的悠然自适景色与这种生活的困顿形成鲜明的对比，会使渔人的形象更加的形象生动。又如他的《山色》诗曰："山色清晨望，虚无杳霭间。直愁和雾散，多分遣云攀。流水澹然去，孤舟随意还。渔家破蓑笠，天肯令之闲。"诗

的开头描绘了一幅清新淡雅的山中晨景，然而诗的结尾笔锋一转，发出"天肯令之闲"的反问，指出这种淡然闲适的景致不过是清闲的文人骚客们的感受罢了，而那些孤舟破蓑的渔人是无法感受到的，他们正为着生计不得不从清晨开始劳作终日，从而也批判了世道的不公。

板桥纯粹的写景之作并不是很多，他往往在诸多的写景之作中融入了自己的真实情感，且这种情感多是感概自己身世的不平，如其《山中雪后》诗曰："晨起开门雪满山，雪晴云淡日光寒。檐流未滴梅花冻，一种清孤不等闲。"诗中首先描写了山中雪后初晴的景色，而且天非常寒冷，一片肃杀之气，但梅花却傲然绽放，寄寓了诗人不屈不挠、傲然挺立于世间的高洁人格。又如《秋荷》诗曰："秋荷独后时，摇落见风姿。无力争先发，非因后出奇。"这是一首咏荷诗，然而诗的表面是咏荷，而实际上则言志。板桥四十岁中举，四十四岁中进士，五十岁才做了一个县官，正如秋荷一样秋天开放。而诗中的秋荷，也代表着他"出淤泥而不染"的高尚品德以及象征着他是一个不屑于世俗纷争的谦谦君子，"无力"是因为不屑，"非因"则是谦虚。又如其《芭蕉》诗曰："芭蕉叶叶多为情，一叶才舒一叶生。自是相思抽不尽，却教风雨怨秋声。"《梧桐》诗曰："高梧百尺郁苍苍，乱扫秋星落晓霜。如何不向西州植，倒挂绿毛幺凤凰。"这些诗都含有深刻的寓意，都有板桥情感的宣泄。

板桥的许多写景诗在意象的选择上较为独特，能构成独到的意境，如其《小廊》诗曰："小廊茶熟已无烟，折取寒花瘦可怜。寂寂柴门秋水阔，乱鸦揉碎夕阳天。"诗人选取由近及远的视角，由眼前的小廊寒花过渡到柴门秋水，又至于高远的天空，在一群

乱鸦的啼叫声中，这样美好的夕阳，这样美好的晚景，全被打破了，使画面显得萧瑟。一个"揉"字显得形象生动，而"乱鸦"的意象又增添了诗中的那一种清淡幽冷的色彩。又如《小园》诗曰："月光清峭射楼台，浅夜篱门尚半开。树里灯行知客到，竹间烟起唤茶来。数声犬吠秋星落，几阵风传远笛哀。坐久谈深天渐曙，红霞冷露满苍苔。"这首诗是写远道而来的客人与主人相谈一夜，"树里灯行知客到"描绘的是一幅动态的画面，不见客人面目，但知其来非俗人，从而也显出主人的高洁品行。全诗的氛围幽冷而静寂，正是与主人的脱俗品行相互映照。板桥与当时著名的禅宗和尚互有交游，受到禅宗尊宿的影响，他的诗中自然也会带有禅趣。板桥自己喜欢从生活中去发现一些禅趣机理，来作为他对现实生活的一种观照，以丰富他的审美情趣和思维方式。因此，板桥的诗中经常会表达一些对人生与现实的独特感悟，追求一种禅景禅趣。在他的诗歌中，有很多赠给僧人的作品，或描写寺庙、僧人，或书写自然、社会中所感悟到的禅机，显得独到而有趣。如其《访青崖和尚和壁间晴岚学士虚亭侍读原韵》诗，其中有云："渴疾由来亦易消，山前酒筛望非遥。夜深更饮秋潭水，带月连星舀一瓢。"又有云："屋边流水势潺浚，峭壁千条瀑布繁。自是老僧饶佛力，杖头拨处起灵源。"其中充满佛家的禅理思想，想象的奇特，如天马行空，使得诗句于生动中见新奇，且又带有几分禅趣，这种独特的魅力是诗人在精神上追求自由的结果，也与禅宗所体现的意境有关。

板桥的诗歌具有鲜明的艺术特色，首先板桥的诗作中闪现着性灵之光。他大胆地提出"诗则自写性情，有何古人，何况今人"的观点，他的诗歌不仅情感真挚，而且几乎每一个字都和他的生

命紧密相连，每一首诗都是他内心情感的真实流露。在表达方式上，他的大多诗作都是直抒胸臆，尽情宣泄，虽然少有含蓄蕴藉，但却显得格外真挚直率、淋漓酣畅、情感动人，这可以视作是清代性灵派的先声。然而，板桥所写的性灵派又不同于袁枚，以袁枚为代表的性灵派诗歌创作多指士大夫个人秉性的张扬，其中比较突出的多是男女之情、亲情、友情之类的情感体验，其作品大多都是抒写闲情逸致之作，诗风以空灵为胜，虽然追求个性上的自我抒发，但是缺乏社会内容上的反映。而板桥的特殊经历使他对现实社会和下层民众的苦与乐更加关注，因而文章经世观念较重。板桥反对那些只写风花雪月以及"逐光景，慕颜色，嗟困穷，伤老大"之类的浅薄无聊之作，主张诗作多写民生疾苦，要为苍生而歌，要"敷陈帝王之事业，歌咏百姓之勤苦"，关心社稷是一个诗人的创作使命，重大的使命感增加了文章的沉厚之力。板桥曾说："理必归于圣贤，文必切于日用。"就是说文章必须反映现实，能够做到对社会有用。板桥有一首《偶然作》，其诗云：

英雄何必读书史，直摅血性为文章。不仙不佛不贤圣，笔墨之外有主张。纵横议论析时事，如医疗疾进药方。名士之文深莽苍，胸罗万卷杂霸王。用之未必得实效，崇论闳议多慨慷。雕镂鱼鸟逐光景，风情亦足喜且狂。小儒之文何所长，抄经摘史饾饤强。玩其词华颇赫烁，寻其义味无毫芒。弟颂其师客谈说，居然拔帜登词场。初惊既鄙久萧索，身存气盛名先亡。辇碑刻石临大道，过者不读倚坏墙。呜呼！文章自古通造化，息心下意毋躁忙。

诗中强调"直摅血性为文章"，这就比以袁枚为代表的性灵之

诗多了一种浑厚之感，诗中反对那些"抄经摘史"之作，那些诗辞采华丽，但也只是空有辞彩而毫无韵味。板桥还提倡杜甫诗歌的"沉郁顿挫"之美，板桥在《潍县署中与舍弟第五书》中提出诗文应当"以沉着痛快为最"，他认为那些专以"文章不可说破，不宜道尽"评判作品的人只不过是"世间捉捉纤小之夫"，这与杜甫的"沉郁顿挫"是一脉相承的。"直摅血性""沉着痛快"的追求与审美特征实际上就是把丰富的历史事件，民生疾苦的现实内容，通过感人的艺术形式表达出来，使得文学作品具有一种深沉痛快之美。板桥对杜甫的诗歌创作非常崇拜，他说："少陵诗高绝千古，自不必言，即其命题，已早距百尺楼上矣。杜诗只一开卷，阅其题次，一种忧国忧民，忽悲忽喜之情，以及宗庙丘墟，关山劳戍之苦，宛然在目。"而对于王维他说："不曾一句道着民间痛痒，只不过唐画师耳。"语虽偏颇，但这也是板桥对当时诗坛风气的反感情绪的体现，是当时诗坛的真实反映。

其次，板桥诗歌的语言通俗直白，言近旨远。板桥的许多诗歌都运用明白如话的语言，但又蕴含着深刻的意义。如他的题画诗《潍县署上画竹呈年伯包大中垂括》曰："衙斋卧听萧萧竹，疑是民间疾苦声。些小吾曹州县吏，一枝一叶总关情。"读来平实易懂，又有反映了他关心民苦的深刻的意义。板桥反对在诗歌中堆砌典故，他说："至于排比故事，堆砌古典，秦砖汉瓦，夏鼎商钟，一齐搬置，列杂诗中，则是类书辞书而非诗也，何足贵乎？若欲自炫渊博，何不独编一部类书或辞书，借诗逞博，适见其人之不经，咏古云乎哉。"他又说："千古好文章，只是即景即情，得事得理，固不必引经断律，称为辣手也。"对于在诗中堆砌典故，他十分厌恶。他认为在诗中一味的堆砌典故是炫耀渊博的表

现，还不如去编一部类书呢。而好的诗歌则是"即情即景，得事得理"的作品。此外，板桥诗中也经常使用一些日常口语，甚至以劳动人民的谚语入诗，使得诗歌语言直白平易，通俗浅近。如其《乳母诗》中有"食禄千万钟，不如饼在手"之句，情感真挚，明白如话。

另外，板桥的诗歌还具有意趣灵动的特征，构成一幅幅美丽的画面。如其《赠巨潭上人三首》，其二云："墨碟铅匙一两三，半窗画意写江南。谁家绢素催人急，先向空中作远岚。"此诗似在说作画之事，然而但细细品味之后，才发现原来是在描写自然风景。诗歌描绘的是江南风景，宛然一幅山水画。全诗没有一个字直接描摹自然风光，却字字都在写景，而且写得别有趣味。另一首如《呈长者》诗，其中有曰："御沟杨柳万千丝，雨过烟浓嫩日迟。拟折一枝犹未折，骂人春燕太娇痴。"呈现出一幅色彩鲜明的风景画。夜雨初晴，旭日初升，杨柳、浓烟城外春意盎然。正当诗人打算折取一枝柳丝细细玩赏时，树上传来几声莺燕的娇痴，仿佛是在骂自己破坏春色，极具生趣。透过这样一幅清新明朗画面，一股热爱大自然的感情如涓涓细流沁人心脾。诗人将这丰富清新的感受和美丽的春色放在这动人的画面中，自然天成，使人如临其境。板桥的诗，诗中有画，然而他不同于王维的"诗中有画"之处在于他更多的是选取富有现实内容的画面加以表现，从总体艺术成就上比不上王维，但是他善于在诗中表现现实生活中富有趣味细节，用浓墨加以描画，造成更典型、更强烈的艺术效果，这也体现了板桥诗的画家功力，以及他以画入诗的高超技艺。

板桥的诗取得了很高的成就。据《清史列传》载，其诗"言情述事，哑侧动人，不构体格，兴至则成"。《清史稿》载："诗词皆别调，而有挚语。"郑方坤的《本朝名家诗钞小传》载："诗取道性情，务如其意之所欲出。"徐世昌《晚晴籍诗汇》载："板桥画书诗号称三绝，自出手眼，实皆胎息于古诗，多见性情，荒率处弥真挚有味，世乃以狂怪目之，浅矣！"后人给予其很高的评价，事实上，板桥的诗歌成就在清中叶乃至在中国古典诗歌史上也占有一席之地。

## 二、板桥词作

板桥生前刻有《词钞》，与《诗钞》《家书》并行问世，今存板桥词有七十多首，都取得了一定的成就。被称为"三绝诗书画"的板桥，他的词作也能够独树一帜。清代是一个文学全面发展的辉煌时代，郭绍虞说："就拿文学来讲，周秦以子称，楚人以骚称，汉人以赋称，魏晋六朝以骈文称，唐人以诗称，宋人以词称，元人以曲称，明人以小说、戏曲或制艺称，至于清代的文学则于上述各种之间，或于上述各种之外，没有一种比较特殊的足以称为清代文学，却也没有一种不成为清代的文学。盖由清代文学而言，也是包罗万象而兼有以前各代的特点的。"清代的词坛流派纷呈，都有各自的共同领袖与创作倾向，宗唐宗宋，各有千秋。词作为一种抒情体，在两宋度过了它的黄金时代，元明之际逐渐衰落，而到了清代，发生了转机，出现了众多词派，词又重新显示出它的独特面貌，呈现"中兴"的局面，词也成为彷徨苦闷的文人抒写内心的重要方式。生活在清代中期的板桥正是通过词来抒写他内心的彷徨。

板桥在他的《词钞自序》中说："少年游冶学秦、柳，中年感慨学辛、苏，老年淡忘学刘、蒋，皆以时推移而不自知者。人亦何能逃气数矣！"可视为板桥词的发展经历。板桥又说："燮词不足存录。兰亭楼夫子谓燮词好于诗，且付梓人。后来进益，不妨再更定。嗟乎，燮词何进也？燮年三十至四十，气盛而学勤，阅前作辄欲焚去。至四十五六便觉得前作好。至五十外读一过，便大得意。可知其心力日浅，学殖日退，忘己丑而信前是，其无成是断断矣。"板桥的词作虽少，但是却有独到的艺术。他的词不拘泥古人，且兼众妙之长，不同于同代词人的"雅正"之风，以"狂怪"的面目出现，但在狂放中又能够显露出真正的自我。综观板桥之词，其内容丰富，既有展现自身性格的狂怪之作，也有抒写柔情的温婉情词，既有描写风俗民情的现实词作，也有吊古伤今的怀古之词。这些词都体现了板桥真实的性情，也取得了很高的成就。

### （一）狂放怪异之词

板桥少年之时从陆震学词，受陆震的影响较大。《重修兴化县志》载："（陆震）少负才气，傲睨狂放，不为龊龊小谨。"这种性格深深地影响着板桥。最能体现他"狂怪"性格的词作是《沁园春·恨》：

花亦无知，月亦无聊，酒亦无灵。把夭桃斫断，煞他风景，鹦哥煮熟，佐我杯羹，焚砚烧书，椎琴裂画，毁尽文章抹尽名。荥阳郑，有慕歌家世，乞食风情。

单寒骨相难更，笑席帽青衫太瘦生。看蓬门秋草，年年破巷，疏窗细雨，夜夜孤灯。难道天公，还箝恨口，不许长吁一两声？颠狂甚，取乌丝百幅，细写凄清。

这首词是板桥最为有名的词作之一。这首词的独到之处在于用极其狂放的语言将自己的思想感情畅快淋漓地宣泄出来，而又显得那么真实可信，这也是板桥的词作能够独树一帜之处。花、月、酒本是文人经常吟咏的事物，作者说其"无知""无聊""无灵"，而在一般文人眼中可称为风雅的事物，偏要将其毁掉。通过这些癫狂的做法，体现出板桥对世俗的不满，愤懑之情跃然纸上。陈廷焯《白雨斋词话》评"花亦无知，月亦无聊，酒亦无灵。把夭桃斫断，煞他风景，鹦哥煮熟，佐我杯羹，焚砚烧书，推琴裂画，毁尽文章抹尽名。荥阳郑，有慕歌家世，乞食风情"是"恶劣不堪语"，而查礼《铜鼓书堂词话》却说这首词"风神豪迈，气势空灵，直逼古人"。板桥四十岁之时作这首词，当时他虽然中了举人，后来又中了进士，但是依然看不到出路，自觉落拓无用，胸中自有一股不平之气，所以将其化作激愤之语宣泄出来。板桥不仅是对自身的境遇的宣泄，也是对与其有相似经历的知识分子群体鸣不平，通过这首词，又折射出一种病态的心里。板桥一生所走的是一条读书做官的道路，而且始终认为这条路是正途，但是残酷的现实打击着板桥美好的愿望，面对残酷的现实，板桥只好在词中进行宣泄。他把所有在读书人看来非常美好的事物全都给予了否定。我们可以想象，当一个以书画为生的人要将文房四宝、琴棋书画全都给毁掉、烧光，甚至连鹦鹉也不放过，也想将其煮了吃掉之时，他是如何的病态？一个读书人对文章事业、身后名声都持以彻底否定的态度时，他又是如何的疯狂？而这个社会又是如何的病态？板桥是有名的"狂士"，他也早有狂名，"使酒骂座，目无卿相"是他的性格，而词中也写到了他的"颠狂甚",正是想借助这种"颠狂",发出对天的叩问:"难道天公,还箝恨口,不许长吁一两声?"在这狂野怪诞的"颠狂"之后,我们分明可以感受得到他的那种悲凉和彻底绝望的心情。他已经沦落到非常卑贱的境地:"蓬门秋草,年年破巷,疏窗细雨,夜夜孤灯。"当一个知识分子面对自己的命运只能怆然泪下的时候,有几个人能不颠狂?板桥在词中运用直抒胸臆的写法,将其狂怪的一面表现的一览无遗,这也是板桥词的艺术特色。

板桥词集里有《贺新郎·徐青藤草书一卷》,其词云:

墨沈余香胜,扫长笺、狂花扑水,破云堆岭。云尽花空无一物,荡荡银河泻影。又略点、箕张鬼井。未敢披图容易玩,拨烟霞、直上嵩华顶。与帝座,呼相近。

半生未挂朝衫领。狠秋风、青衿剥去,秃头光颈。只有文章书画笔,无古无今独逞。并无复、自家门径。拔取金刀眉目割,破头颅、血逬苔花冷。亦不是,人间病。

词中感叹了徐渭的不幸遭遇,流露出对徐渭的同情与崇拜。徐青藤就是明代的狂人徐渭,他字文长,号青藤山人,又有天池山人、田水月、田丹水、青藤老人、青藤道人、青藤居士、天池渔隐、金垒、金回山人、山阴布衣、白鹇山人、鹅鼻山等别号。徐渭多才多艺,他的诗文书画和戏剧都取得了很大成就。但他的一生却充满了戏剧性,曾八次参加乡试都没考中举人,在佯狂与真狂之间,九次自杀未果,后因杀妻入狱七年,出狱后更加放浪形骸,晚年以卖画为生,困顿潦倒以终。徐渭怀才不遇,称自己为"畸形人",曾长叹"笔底明珠无处卖,闲抛闲掷野藤中"。正

是这样一个狂人，使得板桥极其的膜拜，这种膜拜中带着同情与惋惜，敬仰与赞叹，并同自己的经历联系起来。板桥曾请他的好友吴于河刻过一方印章，叫做"徐青藤门下走狗郑燮"，意思是甘心做他门下的"走狗"。有记载说，"徐青藤门下走狗郑燮"之印乃是"青藤门下牛马走"的误传，但板桥曾在一封信中亲自澄清过此事。信是寄给无方上人的，因无方上人见到这个印方感到不雅，就给板桥写信询问，板桥回信说："世间之事纷纷扰扰，人情也变换无常，身为人而行如狗似的奔波劳苦的人有很多，人不如狗，并不是没有的，狗比人还好的，古人的文集众多有记载。要说那些凶恶、狡猾的仆人，败坏主人家的人不如狗的也有很多。我极其喜欢徐青藤的诗，也爱他的画，喜欢到了极点，就请人刻了这个'徐青藤门下走狗郑燮'的印方，印文是真的，而当走狗确是虚幻的，我现在还是感到很遗憾，如果让我早生一百多年的话，能够投身青藤先生门下，那么真的做'走狗'也很高兴。"可见板桥对徐渭的崇拜，而他们都曾有不幸的遭遇，骨子里都透着一股狂劲，板桥与徐渭的性格也确有相似之处，所以甘愿做青藤门下"走狗"为其效劳。他还曾说徐渭"才高而笔豪，而燮亦有倔强不屈之气"，所以与徐渭不谋而合。另外，童二树也很喜欢徐青藤，他给徐青藤的小像题诗有句云："抵死目中无七子，岂知身后得中郎。"又有："尚有一灯传郑燮，甘心走狗列门墙。"可见板桥对徐渭的崇拜，而板桥的诗、词、书、画创作以及人格精神也多受到徐渭影响。

再来看这首词，在这首词中作者倾倒于徐渭的书法艺术的同时，又感慨一代巨匠的坎坷遭遇："半生未挂朝衫领。狠秋风、青衿剥去，秃头光颈。"词中既有对徐渭的崇敬，又有同情，更有隔代遥想的沉痛与悲叹，而板桥说其"拔取金刀眉目割，破头颅、血迸苔花冷。亦不是，人间病"，体现出板桥对其不幸遭遇的感慨。这首词赞美徐青藤干云的才气，描绘出一个行为乖僻、落拓不羁、内心有大痛苦的人，一种极大的无可摆脱的压抑使之表现十分的狂怪，以至于动手戕害自己。板桥所描写的是发生在徐青藤身上的不幸，别人视其为狂怪可怕，避之唯恐不远，而板桥却发现了其中深沉的内容。通过板桥描写徐青藤的这首词我们也很容易联想到他《沁园春·恨》中对自己的描绘，而且两首词具有精神气质上的一致性。

### （二）风俗民情之词

板桥词中也有反映现实、关心民生疾苦的词作，这些词作大都来源于生活，都是有感而发。如他的《满江红·田家四时苦乐歌》。

**其一：**

细雨轻雷，惊蛰后和风动土。正父老催人早作，东畲南圃。夜月荷锄村犬吠，晨星叱犊山沉雾。到五更惊起是荒鸡，田家苦。

疏篱外，桃华灼；池塘上，杨丝弱。渐茅檐日暖，小姑衣薄。春韭满园随意剪，腊醅半瓮邀人酌。喜白头人醉白头扶，田家乐。

**其二：**

麦浪翻风，又早是秧针半吐。看垄上鸣榱滑滑，倾银泼乳。脱笠雨梳头顶发，耘苗汗滴禾根土。更养蚕忙煞采桑娘，田家苦。

风荡荡，摇新箸；声渐渐，飘新箨。正青蒲水面，红榴屋角。

原上摘瓜童子笑，池边濯足斜阳落。晚风前个个说荒唐，田家乐。

**其三：**

云淡风高，送鸿雁一声凄楚。最怕是打场天气，秋阴秋雨。霜穗未储终岁食，县符已索逃租户。更爪牙常例急于官，田家苦。

紫蟹熟，红菱剥；桔桔响，村歌作。听喧填社鼓，漫山动郭。挟瑟灵巫传吉兆，扶藜老子持康爵。祝年年多似此丰穰，田家乐。

**其四：**

老树槎丫，撼四壁寒声正怒。扫不尽牛溲满地，粪渣当户。茅舍日斜云酿雪，长堤路断风吹雨。尽村春夜火到天明，田家苦。

草为楣，芦为幕；土为锉，瓢为杓。砍松枝带雪，烹葵煮藿。秫酒酿成欢里舍，官租完了离城郭。笑山妻涂粉过新年，田家乐。

这组词写出了农民的疾苦，抨击阶级压迫和剥削。每首词的上片皆写"田家苦"，下片皆咏"田家乐"，"苦"与"乐"交替表现。第一首写春耕的时节，农民五更天就得起来，披着晨星劳作，晚上则"带月荷锄归"，早出晚归的劳动极其辛苦。"田家乐"则描写闲适的田园风光，桃花辉映疏篱，垂柳倒映池塘，少女自在玩乐，白头老翁剪春韭、饮美酒，这是多么悠然自得的美丽生活画面。第三首"田家苦"写在农民心情的沉重。农家"最怕"的不仅是天公不作美，而且还有官府对租赋的催剥以及官吏贪得无厌的索取，农家既忧天，又怕官，自是苦不堪言。"田家乐"则描写丰收后的喜悦。粮食丰收，农家吃紫蟹、剥红菱，到处是纺织、吊水及民歌的声音，有一种浓郁生活气息，他把农民丰收的喜悦写得真切动人。这组词的"田家苦"着眼于现实，描写现实的民生疾苦；"田家乐"则描写田园风光，这是诗人理想的寄托，苦与乐对照写来，更突出了农家生活的艰辛，表现出作者对农民生活疾苦的关注。

板桥的一些风俗民情之词也有表现了他的民本思想。如《贺新郎·食瓜》：

五色嘉瓜美，问东陵故侯安在，圃园残废。多少金台名利客，略啖腥膻滋味，便忘却田家甘旨，门径薜萝荒不剪，绿杨板桥断空流水。总不作，抽身计。

吾家家在烟波里，绕秋城藕花芦叶，渺然无际。底事欲归归不得，说是粗通作吏，听此话令人惭耻。不但古贤吾不逮，看眼前何限贤劳辈，空日废，官仓米。

这是板桥在做官之时所写。有些人当了官以后，就忘记了自己的根本，忘记了"田家甘旨"，这首词则体现了板桥以民为本的思想。"吾家家在烟波里，一绕秋城藕花芦叶，渺然无际"描写了一望无际的荷花与芦苇，淡雅而有韵味。"说是粗通作吏"则是谦词，板桥为官是颇有政绩的，他的做官能力，也得到了上级的肯定，这也是他"底事欲归归不得"的原因之一，板桥由于五十岁才做官，做了几年官，又感到官场的黑暗，所以多次想辞官归隐，但又有所顾忌。而"看眼前何限贤劳辈"，是说他又看到官场里有许多很不错的人才，他认为自己是有所不及，他这样滞留官场，是空费官仓米，是对不起这份俸禄的。仔细体味，板桥是有了辞官之念。我们看他的另一首词就知道了，其《青玉案·宦况》称："十年盖破黄绸被，尽历遍，官滋味。雨过槐厅天似水，正宜泼茗，正宜开酿，又是文书累。坐曹一片呓呼碎，衙子催人妆魁儡，束吏平情然也未？酒阑烛跋，漏寒风起，多少雄心退。"未做官时想做官、求功名，他曾对于"黄绸被"充满无限向往，精神上为此有过许多痛苦，可是做了几年的官，其中滋味都已尝遍。而更遭的是"多少雄心退"的问题。昔日的抱负是"立功天地，字养生民"，如今却如何实现呢？

### （三）山水之词

板桥的词中也有描写山水风光之词，这些写景词富有浓厚的生活气息，如他的《满江红·思家》：

我梦扬州，便想到扬州梦我。第一是、隋堤柳绿，不堪烟锁。潮打三更瓜步月，雨荒十里虹桥火。更红鲜冷淡不成圆，樱桃颗。

何日向，江村躲；何日上，江楼卧。有诗人某某，酒人个个。花径不无新点缀，沙鸥颇有闲功课。将白头供作折腰人，将毋左。

扬州这个地方对于板桥来说实在是太重要了，做官之前曾卖画扬州，辞官之后又到扬州卖画，从他三十岁为生活所迫去扬州卖画一直到终老，除去做官的十二年，他有近三十年的时间都和扬州有着密切的联系，所以词的开篇便说"我梦扬州，便想到扬州梦我"，这是对辛弃疾的"我见青山多妩媚，料青山见我应如是"的借鉴。板桥早已将扬州看作是自己生命中的一部分，并赋予其鲜活的生命力，这种生命力的体现，不仅是扬州那富有代表性的山水景色，也与作者性情相投的"诗人某某，酒人个个"有关，板桥与诸多好友都活动在这个风景如画的美丽扬州。

板桥有一组词《浪淘沙·和洪觉范潇湘八景》描写了潇湘一带的风光，潇湘八景是潇湘的八处景观，分别为潇湘夜雨、山市晴岚、渔村夕照、烟寺晚钟、远浦归帆、平沙落雁、洞庭秋月、江天暮雪，其词为：

风雨夜江寒，篷背声喧，渔人稳卧客人叹。明日不知晴也未？红蓼花残。晨起望沙滩，一片波澜，乱流飞瀑洞庭宽。何处雨晴还是旧？只是君山。

雨净又风恬，山翠新添，薰蒸上接蔚蓝天。惹得王孙芳草色，酝酿春田。朝景尚拖烟，日午澄鲜，小桥山店倍增妍。近到略无些色相，远望依然。

山迥暮云遮，风紧寒鸦，渔舟个个泊江沙。江上酒旗飘不定，旗外烟霞。烂醉作生涯，醉梦清佳，船头鸡犬自成家。夜火秋星浑一片，隐跃芦花。

日落万山巅，一片云烟，望中楼阁有无边。惟有钟声拦不住，飞满江天。秋水落秋泉，昼夜潺湲，梵王钟好不多传。除却晨昏三两击，悄悄无言。

远水净无波，芦荻花多，暮帆千叠傍山坡。望里欲行还不动，红日西殂。名利竟如何？岁月蹉跎，几番风浪几晴和。愁水愁风愁不尽，总是南柯。

秋水漾平沙，天末澄霞，雁行栖定又喧哗。怕见洲边灯火焰，怕近芦花。是处网罗赊，何苦天涯，劝伊早早北还家。江上风光留不得，请问飞鸦。

谁买洞庭秋，黄鹤楼头，槐花半老桂花稠。才送斜阳西岭去，月上镰钩。潺潺大荒流，烟净云收，万条银线接天浮。不用画船沽酒去，我自神游。

雪意满潇湘，天淡云黄，梅花冻折老松僵。惟有酒家偏得意，帘旆飘扬。不待揭帘香，引动渔郎，蓑衣燎湿暖锅傍。踏碎琼瑶归路远，醉指银塘。

这八首词中描写了潇湘的美丽景色，透出了生活的气息与情趣。如"烂醉作生涯，醉梦清佳。船头鸡犬自成家，夜火秋星浑一片，隐跃芦花"，又如"谁买洞庭秋，黄鹤楼头，槐花半老桂花稠"、"济沸大荒流，烟净云收，万条银线接天浮，不用画船沽酒去，我自神游"，都极其富有生活气息。

板桥写景词中还带有禅趣，如其《满庭芳·晚景》：

秋水连天，寒鸦掠地，夕阳红透疏篱。草枯霜劲，飒飒叶声悲。几点渔庄雁户，为风波钓艇都稀。关山远，征人何处？九月未成衣。

柴扉无一事，乾坤偌大，尽可容伊。但著书原错，学剑全非。漫把丝桐遣兴，怕有人户外闻知。如相问，年来踪迹，采药未曾归。

词中上阕写秋天景色，而寒鸦、疏篱、枯草等意象，凸显了秋天的衰败景象。下阕写"乾坤偌大，尽可容伊"说的是反话，虽然仕途渺茫，官场没有我的一席之地，但偌大乾坤，总有我的容身之所吧。作者用一种自嘲的口吻来调侃自己的无能为力，只好借助琴弦来抒发胸臆。末句化用"松下问童子，言师采药去"

将自己的身份比喻成山中的隐者，流露出其出世的思想。

另外，还有两首词也体现了禅意，其《瑞鹤仙·山家》云：

山深人迹少，渐石瘦松肥百云痴鹤老。茅斋嵌幽岛，有花枝旁出，萝阴上罩。游鱼了了，潭水彻澄清寂照。啖林中春笋秋梨，当得灵芝仙草。

飘缈，五更日出，犬吠云中，鸡鸣天表。篱笆四角，星未尽，月犹皎。问何年定访山中高士，阔领方袍大帽。也不须服食黄精，能闲便好。

其《满江红·招隐寺》曰：

转过山头，隐隐见松林一片。其中有佛楼斜角，红墙半闪。雨后寻芳沙径软，道傍小饮村醪贱。听石泉幽涧响琮琤，清而浅。

山门外，金泥匾，祇树下，香涂殿。看几朝营造，几朝褒贬。七级浮图空累积，一声杜宇谁听见？向禅扉合掌问宗风，斜阳远。

两首词分别选取了不同的意象来写景，如《山家》中的云与鹤，表达了作者欲做闲云野鹤的的愿望。而《招隐寺》中的寺庙，具有清幽的环境，名为招隐，不正是其归隐想法的流露吗？两首词中都蕴含着禅意。

### （四）怀古之词

板桥词钞中有很多怀古之词来咏怀古迹，这些词作多为借古讽今之作。如他的《念奴娇·金陵怀古》十二首、《满江红·金陵怀古》一首，板桥生活在清中叶，民族矛盾逐渐缓和，但统治者大兴文字狱，激起人民的反对，其对统治者的不满情绪在诗词中必定有所反映。板桥的怀古咏史之作中借古讽今比较有代表的如其《念奴娇·孝陵》：

东南王气，扫偏安旧习，江山整肃。老桧苍松盘寝殿，夜夜蛟龙来宿。翁仲衣冠，狮麟头角，静锁苔痕绿。斜阳断碣，几人系马而读。

闻说物换星移，神山风雨，夜半幽灵哭。不记当年开国日，元主泥人泪簌。蛋壳乾坤，泥丸世界，疾卷如风烛。老僧山畔，烹泉只取一掬。

板桥从正面回答明朝灭亡的问题，一方面赞扬了朱元璋的开国之功，说其"扫偏安旧习，江山整肃"。清朝从缓解矛盾出发，承认并且保护明孝陵，但是板桥也懂得词语的分寸，不能触碰统治者最敏感的东西。板桥用比较巧妙的语言，将明朝的兴亡上升到较大的历史时空中去认识，避免了说话的不自由。又如《念奴娇·弘光》：

弘光建国，是金莲玉树，后来狂客。草木山川何限痛，只解征歌选色。燕子街笺，春灯说谜，夜短嫌天窄。海云分付，五更拦住红日。

更兼马阮当朝，高刘坐镇，犬豕包巾帻。卖尽江山犹恨少，只得东南半壁。国事兴亡，人家成败，运数谁逃得！太平隆万，此曹久已生出。

历史上的南明弘光小朝廷内部腐败，统治者只解征歌选色，任用马士英、阮大铖等一帮奸臣，使得半壁江山风雨飘摇，最终难逃灭亡的运数而拱手让人。板桥此词写的十分痛心而愤恨，对弘光帝朱由崧以及马、阮、刘、高这些奸人罪人进行无情批判，并且说，这些人早在几十年前的隆庆、万历年间就出生了，这也就是说，产生这些罪人不是偶然的，是明朝长久腐败的结果。明朝的灭亡提供了一种历史的借鉴，此词反映的是作者对清统治者施加于人民尤其是知识分子身上残酷的政治压迫、民族压迫的不满，具有较深刻意义。

### （五）柔情之词

板桥的词作中还有许多情词，这些词有对自己爱情的描写，也有给一些歌妓等下层女子的赠答。其爱情词如《贺新郎·赠王一姐》：

竹马相过日，还记汝云鬟覆颈，胭脂点额。阿母扶携翁负背，幻作儿郎妆饰，小则小寸心怜惜。放学归来扰未晚，向红楼存问春消息。问我索，画眉笔。

廿年湖海长为客，都付与风吹梦杳，雨荒云隔。今日重逢深院里，一种温存犹昔，添多少周旋形迹！回首当年娇小态，但片言微忤容颜赤。只此意，最难得。

在这首词中，板桥把他对表姐的爱情公然而大胆写出来。词中回忆二人儿时那种"郎骑竹马来""两小无嫌猜"的美好画面，他们儿时在一起玩耍，相怜相惜。二十多年后他们又一次相逢，两人分别都已成家，但儿时的美好记忆将二人拉近，一种"温存犹昔"，只是再也回不到当初那种"小则小寸心怜惜"的情境了，一种沧桑之感油然而生，让人感慨不已。板桥在阔别二十年后，虽受到王氏的热情接待，然而已被当成客人，那些过往也只能留在记忆中了，一种不能名状的怅惘之情从词中溢出，发出"只此意，最难得"的感叹。

板桥还有几首词描写他的爱情，虽然没有明确说出是写给谁的，但我们从他的词中所表现的情感能够感到这些词其实就是写给其表姐的。如《虞美人》：

盈盈十五人儿小，惯是将人恼。撩他花下去围棋，故意推他劲敌让他欺。

而今春去花枝老，别馆斜阳早，还将旧态作娇痴，也要数番怜惜忆当时。

这首词先是对旧事进行追忆，感慨"春去花枝老"，这不仅是季节的更迭，更是作者年纪的增长，早已不再年轻，也是对旧时恋人的思恋与追忆。其《踏莎行》云：

中表姻亲，诗文情愫，十年幼小娇相护。不须燕子引人行，画堂得到重重户。

颠倒思量，朦胧劫数，藕丝不断莲心苦。分明一见怕销魂，却愁不到销魂处。

　　"中表姻亲"说明其关系，我们从中可以明显地看出他所写之人，便是其表姐，他们"十年幼小娇相护"，可谓青梅竹马，两小无猜，板桥真率地表现了同表姐情投意合的亲密生活。但是他们的恋情终因"朦胧劫数"而遭到扼杀，即封建家长的包办婚姻。板桥对这段恋情难以割舍，所以有"藕丝不断莲心苦"的相思之苦，所以才有"分明一见怕销魂，却愁不到销魂处"的矛盾。板桥的这段恋情对他来说是刻骨铭心的，其《酷相思·本意》称："杏花深院红如许，一线画墙拦住。叹人间咫尺千山路，不见也相思苦，便见也相思苦。分明背地情千缕，拚懊恼从教诉。奈花间乍遇言辞阻，半句也何曾吐，一字也何曾吐。"杏花虽红但有墙的阻隔，只能可望而不可及，一种怅惘的感受鲜明地表现出来。我们读板桥的爱情词感受到的是他内心真挚的情感，其所表现的情感又极具柔情。

　　板桥其他的情词还有很多，都是他真挚情感的体现。如其《柳梢青·有赠》词云："韵远情亲，眉梢有话，舌底生春。把酒相偎，劝还复劝，温又重温。柳条江上鲜新，有何限莺儿唤人。莺自多情，燕还多态，我只卿卿。"写其对一个歌女的真实情感；其《满庭芳·赠歌儿》词云："玉笛声迟，琵琶索缓，几回欲唱还停。拈花微笑，小立绣围屏。待把金尊相劝，又推辞宿酒还醒。秋堂静，露华悄悄，银烛冷三更。轻轻喉一转，未曾入破，响遏秋星。又低声小叠，暗袅柔情。试问青春几许，是莫愁未嫁芳龄。吾惭甚，魏黄鬓苦，未敢说消魂。"写其对歌女的同情与喜爱之情；其《贺新郎·有赠》词云："旧作吴陵客，镇日向小西湖上，临流弄石。雨洗梨花风欲软，已逗蝶蜂消息，却又被春寒微勒。闻道可人家不远，转画桥西去萝门碧，时听见，高楼笛。缘悭觌

面还相失，谁知向海云深处，殷勤款惜。一夜尊前知己泪，背着短檠偷滴，又互把罗衫挍湿。相约明年春事早，嚼花心红蕊相思汁，共染得，肝肠赤。"写其与一位男子之间的倾慕爱惜之意；其《玉女摇仙佩·有所感》词云："绿杨深巷，人倚朱门，不是寻常模样。旋浣春衫，薄梳云鬓，韵致十分娟朗。向芳邻潜访，说自小青衣，人家厮养。又没个怜香惜媚，落在煮鹤烧琴魔障。顿惹起闲愁，代他出脱千思万想。究竟人谋空费，天意从来，不许名花擅长。屈指千秋，青袍红粉，多少飘零肮脏。且休论已往，试看予十载醋瓶蔺盂。凭寄语、雪中兰蕙，春将不远，人间留得娇无恙，明珠未必终尘壤。"写其同情一位女子的感情。这些词作感情细腻，而且有的词还有许多微妙之情，表现了板桥性灵深处对个人心灵的关注。

板桥词取得了很高的成就，陈廷悼《云韶集》卷十九评板桥词曰："板桥词摆去羁缚，独树一帜，其源亦出苏、辛、刘、蒋，而更加以一百二十分态肆，真词坛霹雳手也！"又说："板桥词，讥之者多谓不合雅正之音，此论亦是。然与其晦，毋宁显；与其低唱浅斟，不如击碎唾壶。余多读板桥词者，一以药平庸之病，一以正纤冶之失，非有私于板桥也。"可见板桥词的特点与地位。

## 三、板桥《道情》

在板桥自己所刻的集子中，除了《诗钞》《词钞》《家书》《题画》以外，还有一种叫《小唱》，《小唱》即是他的《道情》。道情是道家曲艺的一个类别，是道家所唱的道家的情事，以道教故事为题材，宣扬脱离尘俗的出世思想。宋代发展成为唱白相间的曲艺形式——道情鼓子词，以渔鼓和简板为伴奏乐器，故又称

"渔鼓"或"鼓儿词",元人杂剧《岳阳楼》《竹叶舟》等剧中均有穿插演唱。明清时期,流传甚广,题材也有所扩大,唱的人也不一定是道士。后来同民间歌谣相结合而发展成为多种曲艺,有的称"道情",如陕北道情、晋北道情之"洪洞道情""永济道情""阳城道情""长子道情""大同道情"和"义乌道情"等,有的仍称"渔鼓",如湖北渔鼓、桂林渔鼓、山东渔鼓等。其共同特点是以唱为主,辅以说白,也有的只唱不说。

板桥《道情》共有十首,作于雍正年间,板桥说其"作于雍正七年,改削十四年,而后梓而问世。传至京师,幼女招哥首唱之,老僧起林又唱之,诸贵亦颇传颂,与词刻并行。"可见板桥的《道情》流传之广,当时无论是贫民还是贵族,都深深地喜欢其道情,就是现在也有唱其道情的。板桥的十首《道情》是一组完整的组曲,前有序言,后有尾声,中间十首主曲,结构颇为别致。前六首分别写了渔翁、樵夫、头陀、道人、书生、乞儿,他选取了六种各有特色而又互有内在联系的民间人物形象,用独特的笔调,层层深化地描绘了他们恬淡自在的生活和闲适情趣。第七首则是承上启下,第八、九首是咏史怀古,抒发历史兴亡之叹,第十首是全曲的总结。各首之间相互独立,又相互联系,然而最重要的还是前面描写各种人物特征的六首。板桥的这十首《道情》反映了其出世的思想倾向,语言生动流畅,画面清新明朗,读之韵味无穷,让我们体味到与其争名夺利,不如退出尘世凡俗,独善其身,这也是板桥《道情》词的精华与真正意义所在之处。

板桥在十首《道情》中前面的序言称:"枫叶芦花并客舟,烟波江上使人愁。劝君更尽一杯酒,昨日少年今白头。自家板桥道人是也。我先世元和公公,流落人间,教歌度曲。我如今也谱得《道情》十首，无非唤醒痴聋，消除烦恼。每到山青水绿之处，聊以自遣自歌。若遇争名夺利之场，正好觉人觉世。这也是风流世业，措大生涯。不免将来请教诸公，以当一笑。"而这段道白可以看作是全曲的总纲。前四句诗为唱之前的开场说白，"枫叶芦花并客舟"化用的是白居易《琵琶行》中的"枫叶荻花秋瑟瑟"；"烟波江上使人愁"出自崔颢的《黄鹤楼》；"劝君更尽一杯酒"是王维《送元二使安西》中的诗句；"昨日少年今白头"出自唐人许浑的《秋思》；板桥借用这四首诗句来开始，抒发的是一种落寞萧瑟之悲，其"昨日少年今白头"更是对时光易逝一去不复返的慨叹。使人感到孤寂愁烦，人世荒凉，这四句诗造成一种看破人世的凄惋意境，为全曲奠定了一种悲戚的情感基调。然后，板桥以道人自居，但他并非是真正的道人，这里只不过为了符合道情曲艺的需要才套用"道人"二字，只是披上一件道袍罢了。其谱得《道情》十首的目的是消除烦恼、唤醒痴聋。另一方面也是自遣自歌之作。从表面上看，板桥是为了表现看破名利、大彻大悟、隐居山水的出世思想，然而想到板桥的坎坷经历，我们可以看出，这是他追求入世而不能得的反面流露，板桥一生追求"立功天地，字养生民"的愿望没有得到真正的实现，他一生跌宕，穷困潦倒，却能如此妙趣横生地表现自己的苦闷，所以，我们也应看到其积极的意义，在欣赏之时应明白他所要表现的旨趣，不要被表面的消极情绪迷惑。

十首《道情》的内容如下：

老渔翁，一钓竿，靠山崖，傍水湾，扁舟来往无牵绊。沙鸥点点轻波远，荻港萧萧白昼寒，高歌一曲斜阳晚。一霎时波摇金影，蓦抬头月上东山。

老樵夫，自砍柴，捆青松，夹绿槐，茫茫野草秋山外。丰碑是处成荒冢，华表千寻卧碧苔，坟前石马磨刀坏。倒不如闲钱沽酒，醉醺醺山径归来。

老头陀，古庙中，自烧香，自打钟，兔葵燕麦闲斋供。山门破落无关锁，斜日苍黄有乱松，秋星闪烁颓垣缝。黑漆漆蒲团打坐，夜烧茶炉火通红。

水田衣，老道人，背葫芦，戴袱巾，棕鞋布袜相厮称。修琴卖药般般会，捉鬼拿妖件件能，白云红叶归山径。闻说道悬岩结屋，却教人何处相寻？

老书生，白屋中，说黄虞，道古风，许多后辈高科中。门前仆从雄如虎，陌上旌旗去似龙，一朝势落成春梦。倒不如蓬门僻巷，教几个小小蒙童。

尽风流，小乞儿，数莲花，唱竹枝，千门打鼓沿街市。桥边日出犹酣睡，山外斜阳已早归，残杯冷炙饶滋味。醉倒在回廊古庙，一凭他雨打风吹。

掩柴扉，怕出头，剪西风，菊径秋，看看又是重阳后。几行衰草迷山郭，一片残阳下酒楼，栖鸦点上萧萧柳。撮几句盲辞瞎话，交还他铁板歌喉。

邈唐虞，远夏殷，卷宗周，入暴秦，争雄七国相兼并。文章两汉空陈迹，金粉南朝总废尘，李唐赵宋慌忙尽。最可叹龙盘虎踞，尽销磨燕子春灯。

吊龙逢，哭比干，羡庄周，拜老聃，未央宫里王孙惨。南来蒉苡徒兴谤，七尺珊瑚只自残。孔明枉作那英雄汉，早知道茅庐高卧，省多少六出祁山。

拨琵琶，续续弹，唤庸愚，警懦顽，四条弦上多哀怨。黄沙白草无人迹，古戍寒云乱鸟还，虞罗惯打孤飞雁。收拾起渔樵事业，任从他风雪关山。

前两首描写渔翁傍水垂钓、樵夫山中砍柴的生活是潇洒而随意、恬淡而自适的，板桥对这种生活非常向往。接下来对头陀、道人、书生、乞儿的描写都是突出了他们古朴淳厚的生活，也表达了他们贴近自然的生活又富有恬淡情趣，强调了他们心态的豁达，心情的平静以及随遇而安的生活态度。板桥羡慕他们，也想着能与他们一般无拘无束、自由自在地生活，这正是他追求自由、追求出世心声的倾诉，我们从板桥的这些描写中可以感受到板桥对这种生活向往已久而压抑不住的心声。当然，追求功名与追求自由肯定存在着互有抵触之处，虽然他们的生活令他心生向往，但要他放弃功名与其相随为乐，却是不可能的。正是这两种矛盾使板桥愈加痛苦，而当他辞官以后，才真正实现了他对这种自由生活追求的美好愿望。后四首写历史的兴亡及其感慨，第七首起到了承上启下的作用，第八首与第九首写中国从唐虞时代到明朝几千年的历史，从唐虞夏殷到周秦两汉，从金粉南朝到李唐赵宋，在朝代的兴衰更替看穿时空，又写龙逢、比干、庄周、老聃、石崇、孔明，表面上看，板桥赞成老庄的清净无为，主张道家的出世思想，但实际上这不仅表现了板桥包揽历史的胸襟和看破历史的智慧，还表现了其自身品格的高洁，寄托了板桥独立的理想人格。第十首是总结之词，其"唤庸愚，警懦顽"点明了《道情》的主旨，照应了序文里的"唤醒痴聋"，达到了强化主旨的目的。

板桥《道情》的末尾还有几句道白，其词曰："风流家世元

和老，旧曲翻新调；扯碎状元袍，脱却乌纱帽，俺唱这道情儿归山去了。"简单地交代下场的道白，继续表明其"归山"的愿望。后面还有题记曰："是曲作于雍正七年，屡抹屡更，至乾隆八年，乃付诸梓。"可见板桥对这十首《道情》的重视，"屡抹屡更"也可见其严肃的态度。

板桥的道情具有独特的艺术特色，也取得了很高的成就，我们与其说它是一篇道曲，还不如说它是一篇歌谣比较恰当。板桥的《道情》已脱离以道教为内容的故事题材，内容上虽然有出世的思想，但又不是以纯粹地宣扬脱离尘俗的思想为主旨，可以说它是以歌曲的方式抒写人生感慨，体会对人生的感悟。他描写了诸多动人的画面，每一个画面中又都有其独特的魅力，给人留下深刻的印象，具有独特的艺术感染力。他真实地表达自己内心深处的理想与愿望，抒发自己内心难以排解的苦闷，使我们读之为其感叹。其《道情》语言生动，描写的画面韵味无穷，所以传唱度非常的高，对后世也产生了深远影响。

# 第三章　郑板桥的书法

　　书法是中国特有的一种艺术。那么什么是书法呢？简单来说，书法就是汉字的写法，它是以汉字为基础、用毛笔抒写的一种具有审美效果的符号艺术。中国书法的发展经历了一个漫长的过程，从最早有文字记载的殷商甲骨文开始，发展到后来，有西周时期的金文（又称钟鼓文）以及东周时期的石鼓文，秦代时，秦始皇在全国范围内统一文字，在金文和石鼓文的基础上发展而形成了篆书。到了汉代，书法的发展成为一个关键的时期，这一时期，隶书形成并且大盛，所以又称"汉隶"，而在隶书产生的同时，草书、行书、楷书也逐渐的发展起来，到汉末，中国汉字书体基本上已经完备了，而且由于汉代帝王的提倡，人们对书法产生了的浓厚的热情，出现了很多书法名人（蔡邕、张昶）以及书法碑刻（《张迁碑》《曹全碑》），在书法史上具有承前启后的作用。

　　汉代以前，人们并没有把书法作为一种艺术来看待，虽然从理论上来说，书法艺术在汉字产生的时候就已经具备了，比如说殷商时期的甲骨文，就已经具备了书法艺术的众多因素，如线条

美、对称美、章法美等等，但人们并没有自觉地认识到它的艺术价值。到了魏晋时代，随着文学的不断自觉，书法自觉的时代也随之到来，人们开始有意识去关注书法、学习书法，并开始认识到了书法的审美价值。此时期各种书体基本定型，而且确立了书法的审美典范，主要代表人物就是钟繇、王羲之。钟繇的书体结构与字形灵活多变，他善长各种书体，尤其是楷书上的成就最大，被后代奉为"楷书之祖"。而王羲之是中国历史最伟大的书法家，有"书圣"之称，其草书、行书、楷书都取得很大成就，他的《兰亭序》更是被称为"天下第一行书"，他们都对后代产生了深远的影响。隋唐时书法艺术进一步发展，出现了很多书法名家。如唐初四大家虞世南、欧阳询、褚遂良、薛稷，盛唐时期的颜真卿、怀素、张旭等名家。颜真卿，人称"颜平原"，又称"颜鲁公"，其行书《祭侄稿》被誉为"天下第二行书"。怀素以草书出名，他的草书被人称为"狂草"，张旭被称为"草圣"，杜甫称其"挥毫落纸如云烟"，怀素和张旭并称为"颠张醉素"。到了宋代，出现了苏、黄、米、蔡四大家，以及独树一帜的宋徽宗赵佶，宋代重帖学，书法"尚意"，注重将自我个性与情感融入到书法中，促进了书法的进一步发展。元代书法的代表人物为赵孟頫、鲜于枢等名家，书坛上沿袭了宋代的帖学，主要是继承晋、唐，创新不多，风格较少。明代也是注重帖学，出现了风靡一时的"台阁体"，缺乏艺术情调和个性，代表人物有文徵明、董其昌、祝允明、唐伯虎等人。清代初期的书坛受明代书风影响以及帝王的爱好（康熙犹喜董其昌的字、乾隆喜爱赵孟頫的字）仍以帖学为主，而且科举考试，对字体也有要求，试卷上的字要用小楷，且不能出格。所以知识分子如果想要中举，写字也是一门必修课，而且要练好的一手蝇头小楷，这就使书法的发展受到了限制。而从清中叶起，由于金石学的不断发展，以及汉魏六朝、隋唐碑刻的研究与发展，碑学的风气逐渐形成，以郑板桥与金农为代表的"扬州八怪"首先开创了碑学风气。郑板桥自创"六分半书"，而金农则自创"漆书"，他们都是当时书坛上的杰出人物，他们的书法艺术充满了生机与活力，并且改变了当时书坛上单调的书风。

　　郑板桥的书法自成一体，独树一帜，被后世称为"板桥体"，奠定了他在中国书法史上的重要地位。他所自创的"六分半书"为当时的书坛吹来一股新鲜的空气。那么，什么是"六分半书"呢？所谓的"六分半书"，用他自己的话来说就是"创为真、隶相参之法，而杂以行草"。"真"即楷书，"隶"即隶书，隶书特点是"蚕头燕尾"、"一波三折"，隶书有一种叫做"八分书"，带有明显波磔特征。郑板桥所说的"真、隶相参"、"杂以行、草"就是将隶书、篆书、草书、行书、楷书的特点结合起来的一种新书体，这种书体介于隶书的"八分书"与楷书之间，而且隶书又多于楷书，这样就少于八分多于五分，所以他取名叫"六分半书"。这种书体在晋代就已经有人探索过了，后来的一些书法家也多有尝试，但都没有取得很好的效果。然而到了清代，板桥自出己意，融合各体，将这种书体发挥到了极致，而且还成了一代名家。

　　据传说，在板桥创作这种字体之初还有一个很有意思的故事。一个夏天的晚上，板桥早早地就躺在床上了，翻来覆去睡不着，于是就用手指在席子上写起字来，写着写着就写到他妻子的身上去了，他的妻子懊恼地说道："人各有体，胡为犯我？"板桥听了妻子的话顿时大悟，想到每个人都有自己的身体，写字不也是一样吗，不是也应该有自己的风格与特色，于是基于他之前的对书法的学习研究，终于创出了这种"六分半体"，而这种书体也成了他自己的特色。传说不一定可靠，但是却说明了板桥对书法的不断钻研与领悟，而这种领悟是在刻苦学习古人书法与自身的实践基础上逐渐培养起来的。

## 一、书法形成

任何一位成名的书法家无不重视刻苦训练之功，书法是一门实践性很强的艺术，需要在实践中逐渐形成自己的艺术风格，而板桥也不例外。从现有的资料来看，并没有对板桥何时学书的任何记载，但据说他自幼就酷爱书法，常用树枝与石头等在地上练习。

青年时期的板桥主要学习的是楷书，因为板桥一开始学习书法时并没有想着成为一名书法家，也没想到他的书法在后世有多大影响，而是为了适应当时科举考试的需要，清代官方通行的书法为楷书，而科举考试中对于书法的要求即是楷书，要求写法"匀净"、"端正秀雅"，板桥为了适应这种需要，努力练习楷书，同时也练习行书。板桥的楷书主要以学习欧阳询为主。欧阳询是唐代的大书法家，为楷书四大家（欧阳询、颜真卿、柳公权、赵孟頫）之一，其书法严谨，笔力险峻，学习王羲之而自成一家，其书法被后人称为"欧体"。板桥对欧阳询的书法勤加学习，甚至能达到以假乱真的地步。在二十三岁时，他曾用小楷写过欧阳修的《秋声赋》，并作跋文，就是仿照欧阳询的字体写的，这时他的楷书已经略有小成。其后，他曾学习多家，逐渐注重对书法艺术的探索。据他的从孙郑銮说，板桥少时学过怀素的草书，笔法流畅，多中锋起笔，而且笔墨之间富有意趣，其作品不多见，但是其书法仍以楷书的学习与临摹为主。三十三岁的时候，作《宋拓虞永兴破邪论序册》云："书法与人品相表里。……今观其所书《庙堂碑》及《破邪论序》，介而和，温而栗，峭劲不迫，风雅有度，即其人品，于此见矣。"主张书法与人品应该一致。到三十六岁的时候，他的书法已经取得了众妙兼备的初步成就，以上可以看做是板桥书法演变的第一个阶段。

板桥书法的第二个阶段是从三十六岁到五十岁之间，这一时期也是他书法发展的时期，也是"六分半书"逐渐形成的时期。此时，板桥的学习对象也开始转变，在书体上开始寻求变化，主要学习的是怀素与黄庭坚的书法。怀素是一个僧人，他的书法笔画虽瘦却苍劲有力，笔势急暴，代表作为晚年所作的《自叙帖》，反映出他狂草的飘逸姿态，大有超凡脱俗、神游仙境之态。黄庭坚，字鲁直，号山谷，他的书法受到《瘗鹤铭》的影响，气势开阔，结构舒展，其行草深得张旭与怀素的飞动洒脱的气韵，用笔奇绝险峭，生新瘦硬，气势不凡。板桥对二人的书法特点非常喜爱，正符合他那种狂放不羁的性格，所以他有意识地模仿黄庭坚的《杜诗抄本》以及临摹怀素的《自叙帖》。

同时，他还于读书游历期间搜求各种古碑残壁，他曾说："字学汉魏，崔蔡钟繇；古碑断碣，刻意搜求。"从历代的碑刻汲取了丰富的养分，并开始重视书法中隶书的书写，有意去探寻书法上的变化。为了准备考试，他曾在杭州的天宁寺读书，这期间他与同学徐宗于、陆白义互相比赛背诵《四书》，并同时默写《四书》原文，他在《四书手读序》中说，每天默写三五张纸，或一

二张纸，兴致好的时候可以默写二三十张纸，不到两个月就写完了，近两个月的练习，不仅把《四书》全部背了下来，而且还使板桥的书法大有长进，观其字迹，灵动洒脱，瑰奇俊秀。谈国桓的《郑板桥四子书真迹序》称："其磊落瑰奇之气，一寄之书画间。人第见其洒落多姿，风流自赏，而不知下帷攻苦，纯而后肆，其兴酣落笔，蔚然经籍之光，皆自读破万卷书来也。"板桥将自己的磊落之气，表现在他的书法作品中，使其字体潇洒多姿，也带有磊落之气。而多年的练习，再加之这次默写的契机，终于在厚积薄发之下创造了具有鲜明个性的"六分半书"。这一时期板桥的代表作有四十岁时写的《行书祝子功八十寿通屏》，以及四十二岁时写的《自书诗赠徐母蔡二姑母》，都显示出了深厚的书写功力。而写于四十五岁时的《道情》更具"乱石铺街"的特点，深得怀素的"狂草"之态。四十八岁时临写怀素一段《自叙帖》，已经将各种书体完美地融合在一起了。

板桥书法的第三个阶段是在他为官的十多年之间。这一时期，他的书法逐渐成熟，也比较有名气了。五十一岁时临写《兰亭序》，并作跋语，完全是自出己意，篆、隶、楷、行、草五体相杂，融为一体，灵动飘逸，还把画法融入到他的书法当中，以前所有学习过的人的影子都不见了，完全是他自己的形态，只见满纸云烟幻化，收放自如，洒脱俊秀，绝妙一时。他的从孙郑銮在《跋郑燮临兰亭序》中说："此书在乾隆八年七月，合诸家而成一体，正公学力精到时也。"又说其"蹊径一新，卓然名家"。板桥在《跋临兰亭序》云："黄山谷云：'世人只学兰亭面，欲换凡骨无金丹。'可知骨不可凡，面不足学也。况兰亭之面，失之已久乎！板桥道人以中郎之体，运太傅之笔，为右军之书，而实出以

己意，并无所谓蔡、锺、王者，岂复有兰亭面貌乎！古人书法入神超妙，而石刻木刻，千翻万变，遗意荡然。若复依样葫芦，才子俱归恶道。故作此破格书，以警来学，即以请教当代名公，亦无不可。"所谓"破格书"即他所创的"六分半书"，他所临写的《兰亭序》已经不是原来王羲之所写的面目，而是自己用"六分半书"的创造了，这时他已经非常自信，并认为即使向当代的有名之人比较一番，也没有什么不可以的了。他五十七岁时曾作《板桥自叙》，在自序中曾说到："复堂起家孝廉，以画事为内廷供奉。康熙朝，名噪京师及江淮湖海，无不望慕叹羡。是时板桥方应童子试，无所知名。后二十年，以诗词文字与之比并齐声。索画者，必曰复堂；索诗字文者，必曰板桥。"可见他当时的书法已经颇具名气了，也可见他的书法已然成熟了。

板桥书法的第四个阶段是在他六十一岁辞官以后。这一时期是他创作的巅峰时期。他辞官后，曾去扬州写字卖画，而且脱离了官场案牍的羁绊，无拘无束，比较自由，创作也更加多了，他传世的作品大都创作于这个时期，书体上更显驰骋纵横之妙，艺术上更加浑融苍劲、风神超迈，横涂竖抹，任意挥洒，奔放自如，奇绝精道。而且在他的作品里融进了自己之前丰富的社会阅历以及练达的人生哲理，使他的作品达到了妙趣横生的艺术境界。如他在六十四岁时写的《六分半书五言诗轴》，其诗曰："酒馨君莫沽，壶倾我当发。城市多嚣尘，还山弄明月。我虽不善书，知书莫如我。苟能得其意，窃谓不学乎？"诗含谦逊之意，而在字体上，笔力深厚，多用异体字，其中"嚣"字与"善"尤为奇妙，且布局合理，浓淡适宜。又如他六十四岁时所写的《王维山中与裴秀才迪书》，以及六十六岁时的《书陶潜桃花源记并诗》《书李壶庵道情十首》等，字体挥毫洒脱，有疏有密，字的行距、大小，错落有致，斜正得当，一气呵成，质朴深厚而又流畅贯通，并在字里行间流露出典雅的气质。可见其晚年的创作愈加精益求精。六十八岁时又作《板桥自叙》，其用笔变化多端，千姿百态，其风神气韵，独绝一时。他曾自题"富于笔墨穷于命，老在须眉壮在心"一联对其书法创作进行总结，而其晚年之时所作的题跋、题扇、对联、条屏等都具有超高的艺术价值，已经达到了炉火纯青的地步。

## 二、书法理论

板桥自创"六分半书"，并且形成具有自己的独特风格的"板桥体"，这与他孜孜不倦地刻苦练习以及对书法艺术的探索是分不开的。在他对书法的探索的过程中也逐渐形成了自己的书法理论。

清初的书坛，帖学盛行，书法上流行"馆阁体"，即当时官方颁布的端庄的楷体。这种书体限制了书体的发展，不易形成自己的个性。板桥初学时也是学习这种书体，二十多岁时，已经练就了一手秀劲隽永的小楷，而他对这种传统的书体的学习为他奠定了良好的书法基础。后来他认为传统的书体限制了个性的发展，所以他在学帖的同时又学碑，他学帖曾临东晋王羲之的《兰亭序》《宋拓圣教序》，唐代怀素的《自叙帖》、虞世南的《破邪论序册》、颜真卿《争座位帖》，宋代苏轼、黄庭坚以及清代高其佩等人的作品。学碑则曾临南朝梁石刻《瘗鹤铭》以及唐虞世南《孔子庙堂碑》《云麾将军碑》等，开碑学之风气。他博采众家，自出己意，终成一代名家。

板桥的书法理论，来自对前人的学习以及自己不懈地探索，他在《论书》中说："平生爱学高司寇且园先生书法，而且园实出于坡公，故坡公书为吾远祖也。坡书肥厚短悍，不得其秀，恐至于蠢，故又学山谷书，飘飘有欹侧之势，风乎？云乎？玉条瘦乎？元章多草书，神出鬼没，不知何处起，何处落，其颠放殆天授，非人力，不能学，不敢学。东坡以谓超妙入神，岂不信然？蔡京字在苏、米之间，后人恶京，以襄代之，其实襄不如京也。赵孟頫，宋宗室，元宰相，书法秀绝一时，予未尝学，而海内尊之。今四家书缺米，而补之以赵，亦何不可？"从这段话中可以看出板桥的书法渊源。他平生喜爱清朝高其佩的书法，认为高其佩的书法实际上是出于苏东坡，并把苏东坡当作他书法上的远祖，又认为苏东坡的书法特点是肥瘦短悍，恐怕自己学不来而受到阻碍，所以又转而学习黄庭坚的书法，黄庭坚的书法讲究生新瘦硬，大得板桥喜爱，并说黄庭坚的书法如风如云，"有欹侧之势"。而对于米芾，他认为其草书神出鬼没，不可捉摸，其书法的癫狂之态由天而授，非人力能学，他也不敢学。他还认为蔡京的书法在苏东坡与米芾之间，成就也很大，只是由于蔡京的名声不怎么好，后人才用蔡襄代替蔡京的，实际上蔡京的书法胜过蔡襄，这也是与他"书法与人品相表里"的观念一致的。

雍正三年（1725），他题《宋拓虞永兴破邪论序册》云："书法与人品相表里。……今观其所书《庙堂碑》及《破邪论序》，介而和，温而栗，峭劲不迫，风雅有度，即其人品，于此见矣。昔评右军书云：'位重才高，调清词雅，声华未泯，翰牍仍存。'吾于世南亦云。"表达了他"书法与人品相表里"的看法，这段话的意思是说：现在来看虞世南的书法作品《庙堂碑》与《破邪论序》，能够看出他的书法耿介温和，温润而有别致，劲峭而不急

迫，儒雅而有风度，这就是他的人品啊，以前他评论王羲之时说他位重而才高，词调清雅，声华未泯，翰牍仍存，我现在也这样来评价虞世南。就是说书法要与人品相一致，要字如其人，从书法中能够体现其人品。因为蔡京为宋代奸相，因此他的字就会大大地减价。而对于元代大书法家赵孟頫的书法来说，虽然秀绝一时，而且当时清朝的人们都争相学习，板桥却不去学习，认为赵孟頫的书法太过圆滑纯熟。他曾说："黄涪翁有《杜诗》钞本，赵松雪有《左传》钞本，皆为当时欣慕，后人珍藏，至有争之而致讼者。板桥既无涪翁之劲拔，又鄙松雪之滑熟，徒矜奇异，创为真隶相参之法，而杂以行草，究之师心自用，无足观也。博雅之士，幸仍重之以经，而书法之优劣，万不必计。"（《四书手读序》）正是板桥对于众家书法的学习以及不同看法，终于自出己意创出了"六分半书"，这也是他提倡书法要师心自用的必然结果。

板桥强调书法上的师心自用，就是在学习古人的时候能够自出己意，自求变化，而一味的学习古人而不去追求变化，就不可能成为一代名家。他在《李氏园再答方超然》的信中说："吾辈赋诗作文，写字习画，虽云不悖于古，亦不可信古太过。神而明之，明而化之，全由此心主持。不为所囿，亦不为所惑，师法古人，变化在我，如此始能卓拔成家，与古抗争。若泥古太过，自坠恶化板之中，脱身无日，则飞虫入网，盲人迷道，将见其越跳越紧，越撞越昏，永失自在也。"在学习古人之后而不拘泥古人，追求变化才能跳出前人窠臼，信古与悖古要掌握好分寸，做到由心主持，变化由心，才能自在。

板桥在书法理论上还提出了"怒不同人"的看法。"怒不同人"即注重对个性的张扬，这也是他书法理论的精神内涵。他在《刘柳村册子》中说："庄生谓：'鹏怒而飞，其翼若垂天之云。'古人又云：'草木怒生'，然则万事万物何可无怒耶？板桥书法以汉八分杂入楷行草，以颜鲁公《座位稿》为行款，亦是怒不同人之意。"这里的"怒"应该是奋发向上，具有勃勃生机之意。而"怒不同人"就是要写与别人不一样的东西，要能够充分展示自己的个性。板桥的许多书法作品中都体现了他这种奋发向上的精神。

板桥还认为楷书从隶书中演化而来。他说："楷书必从八分书来，盖今书之母也。点画形象，偏旁假借，皆有名理。本朝八分，以傅青主为第一，郑谷口次之，万九沙又次之，金寿门、高西园又次之。然此论其后先，非论其工拙也。若论高下，则傅之后为万，万之后为金，总不如穆倩先生古外之古，鼎彝剥蚀千年也。""八分书"即隶书的别称，他认为楷书是由隶书变化而来，而在清代，以时间的顺序来看，隶书当属傅山第一，郑簠次之，万九沙的又次之，金农与高凤翰又次之，而以工拙高下来看则是傅山第一，万九沙次之，金农在万九沙之后。

板桥还谈到书法中的用墨用笔。他说："用墨之妙，当观墨迹，其浓淡燥湿，如火如花。用笔之妙，当观石刻，其弱者强之，肥者瘦之，镌手亦大有力。新碑不如旧碑，取其退火气。然三四百年后，过于剥落，亦无取焉。"他认为用墨应有浓有淡，如火如花，用笔则应有强有弱，肥瘦均衡，力道适宜，学习用笔应该多看碑刻，而且要多看古碑，这也是他的经验之谈，他也曾学习过古人的碑刻，并从中汲取营养，尤其是对于《瘗鹤铭》的学习，《瘗鹤铭》为南梁石刻，不知何人所作，其字魄力雄伟，气势如奔

龙入海，康有为曾赞其"大字之妙莫过于《瘗鹤铭》"。清人蒋士
铨有一首诗称："未识顽仙郑板桥，其人非佛亦非妖。晚摹瘗鹤
兼山谷，别辟临池路一条。"板桥正是从《瘗鹤铭》中得到启示，
并把学那种雄伟的气势融入到自己的作品里，另辟蹊径，才成为
一代名家的。他还认为："昔人学草书入神，或观蛇斗，或观夏
云，得个入处；或观公主与挑夫争道，或观公孙大娘舞西河剑器，
夫岂取草书成格而规矩效法者！"也是注重对古人的学习。

有人曾经把《宋拓圣教序》与《兰亭序》作比较，看其书法
孰优孰劣，板桥提出了他自己的看法："或问此贴与定武《兰亭》
孰优劣，愚曰：未易言也。《兰亭》乃一时高兴所至，天机鼓舞，
岂复自知！如李广、郭汾阳用兵，随水草便益处，军人皆各得自
由，而未尝有失。至《圣教序》，字字精悍，笔笔严紧，程不识刀
斗森严，李临淮旌旗整肃，又是一家气象。"他认为《兰亭序》乃
是王羲之一时高兴所作，天机所致，浑然而就，就像李广、郭子仪
用兵一样，专拣水草丰美处，士兵战斗比较收放自如，才不至于有
所闪失。《兰亭序》是王羲之的代表作，此后王羲之也没有写出比
《兰亭序》更好的作品似乎就在此处，而《圣教序》则字字精悍，
笔笔严谨，与《兰亭序》的风格不一样，各有各的成就。《圣教
序》为唐太宗所写，由唐代僧人怀仁从王羲之的字里集出来刻成碑
文，文是唐太宗的文，字是王羲之的字，板桥认为其各有特色，各
有气象。

总体来看，板桥的书法理论强调书法要如人品，如果人品不
好，书法再好也不去学习。然而学习书法又需要自出己意，要
"怒不同人"，另辟蹊径，才有可能成为名家。另外，他也不忽视
实践，要勤加练习，毕竟书法的成就需要靠实践得来，而他自己

对书法的一些独到的见解，也促使他在书法上取得了卓越的成就，从他的书法理论上我们也可以得到一些有益的启示。

## 三、艺术成就

板桥的书法在中国书法史上占有重要的地位，他的书法具有鲜明的艺术特征，形成了他自己独特的风格。他的书法博采众家又独兼众妙，自树旗帜而卓然名家，取得了卓越的成就。

板桥对于书法，一面从传统中来又一面反传统，大胆地进行自我创新。由于他的性格具有"狂""怪"的特点，这种"自我"的性格特点反映到书法上，也带有"狂""怪"的特点，他自创的"六分半书"被后人称为"乱石铺街""浪里插篙"，而且他在书法创作中始终贯穿他的"怒不同人"的思想主旨。不守成法，大胆为之，使得他的书法能够"震电惊雷"。其字如"雪柏风松，挺然秀出于风尘之表"，又似"秋花倚石，野鹤戛烟，自然成趣"，其晚年成就已经达到炉火纯青的地步了。

如果我们从历代对板桥书法的评价中来梳理一番的话，就可以看出他在书法上取得的成就，如叶衍兰在《清代学者像传》评其"书有别致，以隶楷行三体相参，圆润古秀，楷书尤精，惟不多作"，又如《清史列传·文苑转·郑燮传》称其"少工楷书，晚杂篆隶，间以画法"，又如郑方坤《本朝名家诗钞小传·郑板桥诗钞小传》评其"雅善书法，真行俱带篆箱意，如雪柏风松，挺然而秀出于风尘之表"，又如姚文田《重修扬州府志》评其"书出于汉隶之中而别开生面，间以余事写兰竹，一缣一楮，海内争重之"，又如查礼在《铜鼓书堂遗稿词话》评其"板桥工书，行楷中笔多隶法，意之所之，随笔挥洒，遒劲古拙，另具高致"。从这些评论中我们可以知道他的书法的地位与成就。具体来说，他的成就体现在两个方面。

一是自创"六分半书"，这是他学习多家并在努力实践中得来的。"六分半书"不仅打破了篆、隶、行、草、楷等各种书体的界限，还将文字的笔画和结构任意安排，形成一种具有鲜明个性的艺术效果。板桥的"六分半书"主要是以楷书、隶书相互参用，杂以行草而成。这种书体，以隶、楷为主，又非隶非楷，隶多于楷，隶楷结合，说它是八分书，又不像八分，说它是行楷，隶味又颇浓，却又有着行草的体势。从表面上来看，这种书体是一种杂凑，但实际上这是他对传统书法借鉴而得来。他对于王羲之、颜真卿、苏东坡、黄庭坚等人书法以及对篆隶和魏碑都有很深的研究，他对古人的学习，只是取貌而不求形似，所以才能创作出这种书体。而从板桥传世的"六分半书"来看，他并没有完全按照"六分半书"的标准来写，他的"六分半书"也绝不是一种固定不变的模式。他常见的"六分半书"是参用古篆隶结构来写楷、行书，多带扁形，有着楷书的工整严谨，行书的飘逸俊秀，篆书的厚重圆转，草书的奔放潇洒，而且也在其中融入一些特殊的字形，比如异体字、古体字等，使他的作品里带有一种"怪"的气息。在他后来的创作中这种书体也更加成熟老练，也真正达到了"震电惊雷"的效果。

板桥的"六分半书"具有鲜明的艺术成就，其最终的形成是他在书法上积极探索的结果，不仅是其审美观念的浓缩和总结，还是其文化性格的体现，其艺术特点丰富多样。"六分半书"融合了多种书体，参照了多种艺术手法，最突出的特点就是各种书体的艺术手法相互融合与相互渗透。板桥很好地处理了"习古"与"变化"的关系，在学习古人的基础上熔铸各家，追求创新，并不拘一格。我国书法的发展离不开对传统文化的借鉴，而且我国的书法是世界上任何艺术无法比拟的，脱离传统，就丧失书法艺术的生命，传统是书法发展的源头，而创新才是书法进步的灵魂。板桥对传统书法的研究极其刻苦，从前贤的作品中汲取丰富的营养，他在《署中示舍弟墨》诗中说："字学汉魏，崔蔡钟繇；古碑断碣，刻意搜求。"可见他是从汉魏碑刻入手的，尤其是对崔瑗、蔡邕、钟繇的书法进行了刻苦学习和研究。板桥在继承前贤优秀书法传统的基础上，又敢于突破前人，另树旗帜。他的成功在于熔铸与创新，从他的判牍和小楷中我们可以看出钟、王的风韵，他大量的题画书作中，都是将篆、隶、真、行、草笔意互相参照并熔为一炉。无论是他的《书怀素自叙帖》，还是《临峋嵝碑轴》，两件作品都以篆法写隶书且含真率趣味，结体严整，笔力遒劲，任意挥洒，意趣生动，可以看出他学习古人的痕迹。然而我们看到的不仅是他对前人的书法艺术的熔铸，还看到了各体相参的创新和形象的创造，这是板桥书法艺术中真正闪光的地方。

板桥"六分半书"学黄山谷家法居多，惯在横里用力，结体多扁形，折处多用蹲笔，力度较重，有力透纸背之感，他承袭晚明徐谓的"乱石铺街"，各体互参，并不是规规矩矩的从头到尾一行行的垂直而下，而是有正有偏，有方有扁，有小有大，有窄有宽，有密有疏，有歪有斜，猛看上去像乱石铺在街上，但仔细观察却是一气呵成，其字也苍劲有力，像乱石一样，又各显规矩，人称其字有"显落银河"之妙，可见板桥的书法的艺术风格。

板桥的"六分半书"还具有一种幽默的气息。板桥在创作中

不时将这种幽默的气息表现在他的书法中，这也是板桥书法艺术的独特之处。传统书法艺术与伦理观念总是显得那么严肃认真，早期的中国书法总多庄重、典雅，少了一些纯真气息与幽默的情调。当书法贵族化倾向日益占统治地位之时，严肃认真的面目就成了书法的标准，如汉隶在最初发展之时，字体规规矩距，没有太大的变化，人们都按标准写字显得就比较庄重，而打破这种审美思维定势的始作俑者是张旭、杯素，板桥将他的幽默的笔法、风趣的性格融入其中，开拓了一种新的境地。他以幽默的笔法书写自己的内心，从而得到精神上的满足。板桥在罢官以后，精神上受到重创，"立功天地，字养生民"的美好希望破灭，然而他并没有消极地避世，而是抱有乐天知命的态度来从事他的创作，而在创作中融入幽默的气息也许是减轻他希望破灭的最好办法。板桥是真正将幽默引入书法的艺术大师，他的幽默是一种艺术追求。我们从他的那幅《七言诗轴》中就可看出他这种幽默性格在书法中的表现，一眼看去，异体古体，互相混杂，加之以变形来处理一些异体字，使人一时不知所措，不知该如何欣赏、如何审美。然而就在这不知不觉的观察中，一种富含情趣的幽默美感从中跳跃而出，一种打破传统格式的画面呈现在眼前，一种诙谐的情调感染者我们。板桥字体中体现的那种随心所欲、随意变形、随势变形的艺术特征总是给人一种目不暇接的感觉。总之，板桥的"六分半书"的艺术特点鲜明而别具一格，通过对各种书体的渗透与融合，达到一种与众不同的艺术效果，从而实现形式与法度的"奇而不诡于正"。其艺术特征，则是参照各家各体而来，变化自如而去，带有一种风流雅谑的幽默，这也是板桥"六分半书"书法艺术的内涵所在。

　　二是打破书与画的界限，以画法入书法，将画竹、画兰与画
石的绘画笔法融入到了书法当中。中国自古就有"书画同源"之
说，唐代的张彦远在《历代名画记·叙画之源流》中说："……书
画同体而未分，象制肇始而犹略。无以传其意，故有书；无以见
其形，故有画。"这也是最早的"书画同源"说。板桥正是从这里
得到了启示，将画法融入书法之中。清人蒋士铨说："板桥写字
如作兰，波磔奇古形翩翩。"（《忠雅堂诗集》）清人何绍基说：
"板桥字仿山谷，间以兰竹意致，尤为别趣。"（《跋郑燮道情》）他
自己也曾经说过："往往以沈石田、徐文长、高其佩之画以为笔
法。"他十分喜爱黄庭坚的书法，认为"山谷写字如画竹"，黄庭坚
的字"瘦而腴，秀而拔"，其笔墨情趣格调与画竹之法特别相似，
所以板桥学习黄庭坚以画入书的手法。综观他的书法作品，其中的
字体结构有大又有小，有歪又有斜，有疏又有密，其笔画或粗或
细、或浓或淡、或长或短，有些字虽然以夸张的形式表现出来，但
是看起来都比较自然随意。其书法又多是题画之作，而且章法错
落，情趣盎然，一行之中，常以纵横、大小、斜正、粗细的方法取
得行款上的变化，与其画融为一体。他的题画诗，表现了丰富的社
会内容，如其"衙斋卧听萧萧竹，疑是民间疾苦声。些小吾曹州县
吏，一枝一叶总关情"，表达了他对百姓的关怀。他的书法在章法
上则是纵横铺排，而且字与字、行与行之间形成一种错落跌宕、相
谐相让的"乱石铺街"之状。这正是对作画之法的借鉴。板桥书法
中并不是刻意地机械地用兰竹画法，而是用其法而不露痕迹，其中
充满了跳跃的灵性，韵味悠然，既符合书法之理，又带有绘画之
趣，书中有画，画中有书，达到了书画的完美结合。
　　板桥在书法上取得了很高的艺术成就，得到了许多赞扬之声，

然而也有人持不同的观点。近人王潜刚在《清人书评》一书中曾有这样一段话来评论板桥的书法作品，他说："郑板桥中年学苏学黄，颇有功力。予收其书十九言，楹贴一联，字大五寸，即专用苏黄书者。笔健墨丰，卓然可观。其寻常自称为"六分半书"者，以隶楷行三体相兼，只可作为游戏笔墨耳，不足以言书法也。板桥天分甚高，愿亦甚大，颇欲集古今书法大成而不知分期课程，须在多写，仅凭一时之小慧，妄欲造成一特创之字形，于是一笔篆，一笔隶，一笔真，一笔草，甚至取法帖中钟、王、颜、柳、欧、虞、褚、薛，东取一笔，西取一画，又加之一笔竹叶，一笔兰花，自以为极天地造化之奇，而成一不伦不类、不今不古之儿戏字体。予尝谓作文作书之法，譬彼良庖，以山珍海错、野味家禽并而煎熬之，鼎中之变，精妙微纤，及其既化，然后去渣滓，留其膏汁，各味皆具，而人不能名，此必取材富、用功深，而后能集众长，以成一奇特美味也。若就各种材料杂凑一窗，鸡猪鱼鸭、山珍海味堆成一碗，毫无烹煮之功、调和之味，尚复成何肴馔？如北平酒家所售之全家福一品，不知言珍羞矣。板桥之书无乃类是，至其画兰竹平正而有变化，不愧作手。即画菊画梅画石亦皆能参以书法，盖画家之雄才而书家之外道也。以久负书名不得不论正之。"王潜刚之词属一家之论，他首先肯定了板桥书法的功力，也肯定了他所取得的成就，但是对于板桥的"六分半书"颇有微词，说其是"游戏笔墨""不伦不类""不古不今"之作，否定了板桥的创新之处，这是对板桥书法中体现灵性的扼杀，我们说板桥敢于打破世俗的地方就在于他所自创的"六分半书"，这也是他书法独具特色的地方。如果一个人不懂的创新，流于世俗，同于众人，我们说他又能取得多么高的成就呢！板桥所取得的书

法成就在于他敢于大胆地进行创新，不仅如此，他还能够学习古人而师心自用，他的书法风格也与他的人一样，带着"狂"与"怪"的气息，喜欢他的书法的人都被他书法中所表现的"乱石铺街"的艺术效果所惊叹折服，也被他"怒不同人"的艺术精神所触动感染。其书法成就卓著，书法作品闪烁着灵动的光芒，具有鲜明的个性，打破了传统书法的套路，开碑学之先风，在中国书法史上写下了浓墨重彩的一笔。

# 第四章　郑板桥的绘画

我国绘画的发展具有深远的历史，它的起源是一个漫长的、渐进的过程，可以上溯到原始社会旧时代晚期以及新石器时代的开始，距今至少有七千多年。最初的中国绘画，多是画在陶器、地面和岩壁上的，后来逐渐发展到画在墙壁、绢和纸上。我国的早期绘画不同于西方的绘画之处在于它使用的基本工具是毛笔和墨，以及天然矿物质颜料。经过无数画家不断探索与努力创新，我国的绘画逐渐形成了鲜明的民族风格和民族气派，并有着自己独立的绘画美学体系。从远古时期出现的一些岩画到战国时期出现的人物帛画可以视作绘画发展的初级阶段。到了魏晋隋唐之时人物画逐渐成熟。五代两宋时期，山水画、花鸟画得到了全面发展。出现了很多著名的画家，如正统画家李成、范宽等，文人画家米芾、苏轼等。到了元代，文人画开始成为画坛主流。文人画逐渐融入了书法的笔意，开始逐渐强调画家自我个性的抒发，而且诗、书、画互相结合，丰富了中国绘画的艺术表现力。明清时期，绘画进一步发展，在题材内容和技法形式等方面都作出了较大的贡献，出现了各种风格的派别。以郑板桥为代表的"扬州八怪"在扬州画坛上独树一帜，标新立异，为扬州画派增添了无限的生机。张维屏在《松轩随笔》中说道："板桥大令有三绝：曰画，曰诗，曰书；三绝之中有三真：曰真气，曰真意，曰真趣。"画是板桥的"三绝"之一，而板桥最初也是以画出名的，他的画具有很高的艺术特色，在清代画史以及中国绘画史上都占有重要的位置。

然而，我们回顾板桥的一生，他最初的理想并不是当一名画家，也没想在这方面有多大成就。板桥最初的追求是决定考取功名，以求得一官半职，来光宗耀祖。板桥的绘画兴趣是在少年之时培养的，他也喜爱画画，但他最初画画除了自己的兴趣以外，画画对他来说的一个重要的作用就是谋生。板桥三十岁时，父亲去世，爨下无薪，釜中无米，门前催债，面对这样悲苦的情境，他只好到扬州卖画，以维持生计。而当时的扬州是一个经济非常繁荣的城市，聚集着许多富商大贾，他们之中不乏追求风雅之人，也有附庸风雅之人，他们广泛购买、收集字画以满足自己的精神上的需求，这就为那些走投无路而以画代耕的穷苦文人提供了赚钱的机会，板桥正是其中的一员。而且在扬州卖画，占据了他生命中的很多时间，在他三十岁到四十岁的时间里，他基本每年都去扬州卖画养家，在四十岁到五十岁的这段时间也经常往来扬州卖画，在辞官已后，还是回到了最初的起点，又到了扬州卖画，他的生命似乎就没有离开过扬州，所以他曾在一首词中说："我梦扬州，便想到扬州梦我。"扬州已经成了他魂牵梦绕的地方。他初到扬州之时，并没画名，也没多少人买他的画，但在这一时期结交了很多朋友，如"扬州八怪"之金农、黄慎等人，他与这些朋友在一起切磋技艺，使得他的画得到精进，后二十年，他的画

已然名扬千里，声播海内，成为一名杰出的画家，这也许是板桥最初没有想到的。最初的贫困却造就了一代知名画家，让我们也不禁感慨世事难料。

## 一、绘画题材

板桥的绘画在题材上多画兰、竹、石、菊，这是受到传统绘画取材影响的结果。因为梅、兰、竹、菊被封建社会文人士大夫称为"四君子"，梅花具有傲然独立的品格，兰花有着高雅淡泊的品质，竹子代表着高傲不屈的气节，石头代表着坚韧的精神。古代文人士大夫在面对困境而自己无力改变时，就通过这几种具有独特魅力的自然事物，用笔墨赋予其新的思想感情，从而表达他们独特的内心。这些自然事物不仅包含了清高、幽洁、隐逸的品格，还包含了文人艺术家们独到的人生感慨。板桥正是通过这些自然事物来表现他的追求的，这些事物的品质也都给予板桥极大的鼓舞，让板桥在面临困境之时勇敢地站了起来。而对于板桥来说，他所画的这些独特的自然事物，也表现了他内心独到的情感、高尚的人格以及崇高的斗争精神。

### （一）画竹之作

板桥的画作中多画竹之作。竹子对于板桥来说是很常见的事物，家住兴化的板桥自幼就跟竹子打交道，他们家的四周都种有竹子，他每到一处也都选择那些有竹子的地方居住，苏东坡曾说："宁可食无肉，不可居无竹。"板桥正是这样的一个与竹为友的人。所以，竹子便首先进入到板桥的绘画中了，画竹是他少年在真州读书之时培养的兴趣，他在教馆之余，清秋时节，"晨起看竹，烟光日影露气，皆浮动于疏枝密叶之间，胸中勃勃遂有画意"。板桥所画之竹，皆从生活中来，富有生活气息。乾隆十八年三月十五日，板桥作《雨后新篁图屏风》，并题识，其题识曰："余家有茅屋二间，南面种竹。夏日新篁初放，绿荫照人，置一小榻其中，甚凉适也。秋冬之际，取围屏骨子，断去两头，横安以为窗棂，用匀薄洁白之纸糊之。风和日暖，冻蝇出触窗纸上，冬冬作小鼓声。于是一片竹影零乱，岂非天然图画乎！凡吾画竹，无所师承，多得于纸窗粉壁日光月影中耳。爰为数首以当竹歌：'雷停雨止斜阳出，一片新篁旋剪裁。影落碧纱窗子上，便拈毫素写将来'；'二十年前载酒瓶，春风倚醉竹西亭。而今再种扬州竹，依旧淮南一片青。'"画竹之意，源自竹子映在窗子上的天然的图画，随手取之，意蕴无穷无尽。

板桥笔下的竹子是丰富多样的，而且形态各异。板桥所画之竹从时间上看，有四时之竹，老幼之竹；如其《雨后新篁图屏风》，描绘的是雨后的一片竹笋新出的情境，韵味无穷。从环境上看，有雨中之竹，雾中之竹，风中之竹，也有晴日之竹。如其《墨竹通景图》展现的是一幅烟雨中的竹林，其疏疏淡淡，浓浓秘密，有一种江南的意蕴。从位置上看，有石崖上之竹，石崖旁之竹，如其《竹石图》描画的是一幅巨石前长满丛竹的图画，具有不屈不挠、坚韧不拔的特点。从数量上来看，有一枝竹，有几枝竹，也有一片竹，如其中的一幅《墨竹图》描绘的是一支挺立的竹子，表现了他独立的人格精神。板桥所画之竹用笔上中锋与侧锋兼用之，画竹竿多用中锋，画小叶也多用中锋为之，肥叶则多用侧锋为之，下笔气势逼人，一气呵成，具有蓬勃之势与盎然的生机，体现出积极向上之意，这也是他"盖竹之体，不为俗屈"

的不懈追求。

板桥所画之竹绝不雷同，他们或疏或密，或浓或淡，都表现了独特的艺术风貌，也代表着板桥独立的林下风度。他在《题画竹》中曾说："盖竹之体，瘦劲孤高，枝枝傲雪，节节干霄，又似乎士君子豪气凌云，不为俗屈，故板桥画竹，不特为竹写神，亦为竹写生。瘦近孤高，是其神也；豪迈凌云，是其志也；依于石而不囿于石，是其节也；落于色相而不滞于梗概，是其品也。"道出了千百年来文人喜爱竹子的孤傲、高雅、有气节的心理情节。

### （二）画兰之作

板桥不仅喜欢画竹，他还喜欢画兰。板桥画兰与画竹一样，绝不雷同，他笔下的兰各种各样，多姿多彩。其所画之兰有未开之兰、初开之兰；有半开之兰、全开之兰，如其《墨兰图》，画的是一幅盛开的兰花；有垂于悬崖之兰，如其《兰竹图》画的是一幅生长在峭壁上的兰草，有怒生之意；有丛生乱石之兰；有安于乌盆之内之兰；有欲飞破盆外之兰。其所画之兰皆多姿多彩，具有浓厚的高雅气韵，也体现了他的高尚情操。兰花有兰蕙之分，一箭一花者为兰，香气十足，生长在北方，一箭数花者为蕙，香气不足，生长在南方。兰之种类也比较多，春有春兰、春箭；夏有蕙兰、台兰；秋有建兰、漳兰；冬有墨兰、寒兰。板桥所画之兰多是北方之兰，他曾说："好画兰不画蕙，不画蕙者，愚意欲香远而长，花少而炎，又何讥焉？"（自题《墨兰》图轴）

板桥所画的兰花多为山野之兰，以重墨草书之笔法，写尽兰花兰草的天真烂漫之趣。其所画之兰叶极富变化，用笔遒劲，用浓墨挥毫，以草书之中竖长撇法画之，意趣横生，所谓"板桥写兰如作字，秀叶疏花见姿致"，具有很强的艺术美感。板桥曾作《兰石轴图》并题识曰："余种兰数十盆，三春告暮，皆有憔悴思归之色。因植于太湖石、黄石之间，山之阴，石之缝，既以避日、就燥，对吾堂亦不恶也。来年忽发箭数十，挺然，其香味直上，透而远，乃知物亦各有本性。且系以诗云：'兰花本是山中草，还向山中种此花。尘世纷纷植盆盎，不如留与伴烟霞。山上兰花乱如蓬，叶暖花酣气候浓。出谷送香非不远，那能送到俗尘中！'此假山耳，尚如此，况真山乎？余画此幅，叶肥而劲，花皆出叶，盖山中之兰，而非盆中之兰也。丁丑秋八月，板桥郑燮。"板桥种兰，亦爱兰，但他喜欢的却是山野之兰，所以把那些将要枯萎之兰移植到山野之间，来年去观之，则挺然而发，远有幽香，并系之以诗，可见其对兰的热爱。乾隆二十年，板桥于移情书屋作《兰竹石轴》，其题识曰："古人云：'吾入芝兰之室，久而忘其香。'夫芝兰入室，室则美矣，芝兰弗乐也。我愿处深山古涧之间，有芝不采，有兰不掇，各适其天，各全其性。乃为诗曰：'高峰峻壁见芝兰，竹影遮斜几片寒。便以乾坤为巨室，老夫高枕卧其间。'"表现了板桥高尚的情操。板桥还曾作《兰竹石图轴》其题识曰："世人只晓爱兰花，市买盆栽气味差。明月清风白云窟，青山是我外婆家。乾隆丁丑秋七月，板桥道人郑燮画并题。先构石，次写兰，次衬竹，此画之层次也。石不点苔，惧其浊吾画也。"通过画兰以表明其遗世独立的心迹。

### （三）画石之作

除兰竹以外，板桥还善画石，板桥所画之石代表着他坚韧不屈的性格，板桥曾画了一幅柱石图，图中只有一块巨石挺拔而起，

这正是板桥面对生活上的艰辛而不屈不挠的表现，体现了板桥顽强的意志。板桥笔下的石头形态多样，有横、竖、方、圆，更有不规则的丑陋之石。

板桥画石尤其是画"一笔石"，受到万个先生的影响，然而又自出新意。他曾说："西江万先生名个，能作一笔石，而石之凹凸深浅，曲折肥瘦，无不毕具。八大山人之高弟子也，爕偶一学之，一晨得十二幅，何其易乎！然运笔之妙，却在平时打点，闲中试弄，非可率意为也。石中亦须作数笔效，或在石头，或在石腰，或在石足。"他学万个先生画石也是偶尔为之，一天竟能画十二幅，可见其独得之处，这绝不是草率为之，而是在于平时的深厚积累，借鉴别人，再加上自己的领悟才能如此创作。

板桥画石的独特之处在于布局上的另辟蹊径，他在自题《柱石图》中曰："昔人画柱石图，皆居中正面，窃独以为不然。"这是因为板桥这种布局上的独特领悟，这种领悟是建立在他特殊的情感趋向上的，体现了他的寄托，即如顽石一样坚挺，面对困境而不低头。而他所画的柱石，也蕴含着深刻的人生哲理。他曾经说到："国之柱石，如公孤保傅，虽位极人臣，无居正当阳之理，今特主偏侧之势，且系以诗曰：'一卷柱石欲擎天，体自尊崇势自偏。却似武乡侯气象，侧身谨慎几多年。'"可见其所画的柱石不仅为我们提供了极具美学意义的反思，而且还突破了古典主义以和谐为美的审美理想。在他这里，板桥崇高的美学理想已经初见端倪。

另外，板桥不仅只画竹、兰、石等作品，而且还有竹兰图、竹石图、竹石兰图、梅竹图，这些混合之作更能体现他独特的人格精神。如他的《竹石图》，其题识曰："竹少石多，竹小石大，直是以石为君，聊复以数片叶点缀之耳。画竹何须千万枝，两三片叶峭撑持。千秋不改嵩衡岳，不靠青山却靠谁？乾隆十九年六月十八日雨中，板桥道人郑燮画并题。"竹子与青山为伴，意蕴深远，情趣盎然。又如其《竹石图轴》，其题识曰："昔东坡居士作枯木竹石，使有枯木石而无竹，则黯然无色矣。余作竹作石，固无取于枯木也。意在画竹，则竹为主，以石辅之。今石反大于竹、多于竹；又出于格外也。不泥古法，不执己见，惟在活而已矣。乾隆甲戌重九日，板桥郑燮画。"竹石相间，有主有次，体现了板桥的独特看法与追求。他曾说："四时不谢之兰，百节长青之竹，万古不败之石，千秋不变之人，写三物与大君子为四美也。"当这三种独特的事物结合在一起之时，他所体现的是多么丰富的君子之美。

## 二、绘画特色

板桥在绘画艺术方面所取得的突出成就，就在于他继承并发展了中国绘画特有的民族形式和传统风格。他把诗、书、画、印紧密结合起来，以书入画，画中有诗有字，诗画结合，书画相照，使之成为一种更加完美、更加多姿多彩的综合性艺术。板桥的题画作品很多，现在可以见到的就有一千多幅。板桥几乎每画必题，大多数是一画一题，而且有诗有文，也有一画多题的作品，也有的是在不同的画作上题写相同的内容，这些题写使板桥的绘画独具特色。板桥别具一格的画，内涵精深、内容博大的题跋，刚秀体健的书法和切人切事的印章，再加上庞大的数量与丰富的内容，共同构成了板桥绘画的特色。我们已经在板桥绘画题材中介绍了其画中的内容，这里简要说其画中的题识与用印，从而看出板桥绘画的独特艺术特色。

### （一）画中题识

　　题识是板桥绘画中的一大特色。板桥绘画中的题识分为题画文、题画诗、题画诗文并行三种形式。其题画之文往往交代作画的背景与原因等一些情况，起到一个辅助的作用。在板桥的绘画中最具特色的就是他的题画诗，卞孝萱先生的《郑板桥全集》中收录了他的很多题画诗，这些题画之诗都是从板桥的绘画中摘录下来的，其本来面目是题写在板桥的绘画中并与其融为一体的。板桥的题画诗或描述创作的动机，或交代创作的背景，或突出创作的重点，或体现创作的深意，或表现创作的情绪，或抒写创作的感受，或总结创作的经验，或梳理创作的规律，具有很高的价值。如他《题画》中写到："咬定青山不放松，立根原在破岩中，千磨万击还坚劲，任而东西南北风。"这是我们比较熟知的一首题画诗。这首诗题写于板桥所作的多幅竹石图上，画面上的竹石形态多样，但都具有着面对狂风暴雨不屈不挠的坚定精神。板桥生活在康乾盛世的社会之中，然而社会上有诸多的复杂现实，面对复杂多变的现实和各种各样利益的引诱，必须具有坚定的立场和顽强的毅力才能成就一番事业。板桥的题画诗与其所画之物正是他自身的坚强意志与顽强精神的写照。诗与画的交融，共同表明板桥内心的声音，即不被利益所诱惑，立定自己的脚跟，不屈不挠。又比如他的一幅极著名的墨竹图，画面上只有一根横逸斜出的竹枝，竹叶翩然，叶叶朝天，俊秀挺拔，仿佛有着无尽的怒气要喷薄而出。在竹叶上方的大片空白处作者以独特的"六分半书"题写道："一阵狂风忽卷来，竹枝翻回向天开。扫云扫雾真吾事，岂屑区区扫地埃。"书法刚劲有力，语言通俗却有一股冲天的豪气。板桥通过画与诗，展现了其狂怪激烈的个性，画中有情，诗言画境，融合无间。

板桥的题画诗中还承载着他对待人情事物的独特理解和感受，展示着他丰富的内心世界。如其《题画竹》诗曰："一枝高竹独当风，小竹因依笼盖中。画出人间真具庆，诸孙罗抱阿家翁。"在这样一幅画面上，几根细小的竹子倚在高大的竹子之傍，苍老之竹似乎在保卫着清嫩的小竹，充溢着一种柔和恬淡的动人感情，让人倍感温馨。又如其《题柱石》诗曰："谁与荒斋伴寂寥，一枝柱石上云霄，挺然直是陶元亮，五斗何能折我腰。"柱石陡然挺立，豪气干云霄，虽然独自矗立，寂寂寥寥，但那种气节不可动摇，我们又怎么能向名利世俗弯腰低头呢？从中可见板桥的精神境界和崇高理想。

## （二）画中用印

用印也是板桥绘画中的一大特色。自宋代以来，绘画中始用印，后来逐渐发展，最初之时只盖一个印，后来发展到两个或三个，多的时候甚至有五六个。画中用印也没有固定的规定，常是根据画面的需要而定，画中的印章往往都具有独特的艺术。板桥在绘画中所用的印章也是独具特色的，其书画印章形状多样，印文也及其丰富，据有人统计，板桥的印章多达一百余方。清代阮元的《广陵诗事》记载，其"切姓，切地，切官，切事"的有"十年县令""板桥道人""雪浪斋""郑大""爽鸠氏之官""所南翁之后""心血为炉熔铸今古""然黎阁""游好在六经""畏人嫌我真""恨不得填满了普天饥债""直心道场""思贻父

母令名""乾隆东封书画史""潍夷长""鹧鸪""无数青山拜草庐""私心有所不尽鄙陋""扬州兴化人""爕何力之有焉""樗散""以天得古""老画师""敢征兰乎""七品官耳",另外还有"麻丫头针线""康熙秀才雍正举人乾隆进士"两方,阮元认为其"太涉习气"。卞孝萱先生的《郑板桥全集》第二部分的附录曾收有他的《印跋》,其印章有"留伴烟霞""砚田生计""修吾竹庐""活人一术""桃花潭""更一点销磨未尽爱花成癖"、"恬然自适""花萝绿映衫""大吉羊""明月前身""茶烟琴韵书声""思古"等十二方,可见板桥印章之多,印文之丰富。

板桥印章一部分是自己所刻,可见板桥也是篆刻的高手。卞孝萱先生的《郑板桥全集》里所收的十二方都是他自己所刻。其中"砚田生计"的跋语为:"西园左笔寿门书,海内朋交索向余,短札长笺都未尽,老夫膺作亦有余。西园工诗画,尤善印篆,病废后,用左臂,书画更奇。余作此印赠之,竟忘其雷门也,郑爕并志。"这段跋语是说:高凤翰与金农的书法在海内流传甚广,有人向板桥索要他们的字,等到都被索尽,板桥就模仿他们来创作,以应对索者之求,而且屡试不爽。又说高凤翰精于篆刻,病了以后就用左手写字,其书画更加出奇,板桥刻了"砚田生计"送给他,并说"忘其雷门",从中我们可以看出板桥的谦虚之意,但也可以看出板桥是精于篆刻的,也有自己的特色。

板桥的印章有一部分是请他人代刻的,清代徐兆丰的《风月谈余录》卷六称:"板桥先生印章,半出沈凡民、高西园二公手。"阮元的《广陵诗事》卷九也称:"郑板桥图章,皆出沈凡民凤、高西园凤翰之手。"曾衍东在《小豆棚杂记》中说:"郑有印

章数十方，如'橄榄轩''七品官耳''鹧鸪''二十年前旧板桥'，皆别致，大半吾乡朱文震所刻。"不管是自己所刻的，还是请他人代刻的，他的印章的印文都是板桥确定的。板桥的印章，构思独到，章法严谨，显示出深厚的功力，清代秦祖永的《桐阴论画》卷下称："（板桥）善刻印，笔力古朴。"周积寅先生说其印章"平正中见奇特，古朴中见灵秀"，他的印章之丰富，而且表现形式多样，是一般的书画家难以相比的。我们可以毫不夸张的地说，从板桥所有的印文中基本上能够窥出他的人生经历和人生态度。

板桥的印章极具个性，他的每一个印章都是他自身的写照，体现的是他的生平思想，有着儒、释、道思想的痕迹，如其"俗吏"、"康熙秀才雍正举人乾隆进士""恨不得填满普天饥债""十年县令""二十年前旧板桥""板桥道人""畏人嫌我真""古狂""鹧鸪""富贵非吾愿""多种菩提结善缘"等相当充满个性的印文，都有对儒家、道家、佛家的体现，有的是对现实的深刻讽刺，如"二十年前旧板桥"，说的是二十年前卖画时没人理睬，二十年后做了官，画也出名了，那些当初不看好他的人都来巴结他，世俗如此，板桥怎么会感受不到，所以就有了"二十年前旧板桥"这个印章。

板桥的印章用在书法作品中，起到了点缀的作用，用到画中，更是与他的题识相结合，增添了其绘画的艺术色彩。他的印章与他的画作融为一体，使其绘画章法丰富多彩，增强了画的意境，我们从中也能更好地体会到他的真实性格，如其在典雅的水墨兰竹画中用红色的、富有个性和艺术气息的印文的印章点缀其上，显得光彩夺目，生动有趣。

## 三、绘画观点

板桥不仅创作了丰富的绘画作品，而且在绘画上也形成了自己独到的艺术观点，这些观点都是他在多年的实践基础上总结出来的。板桥的绘画所体现的观点无论在内容上还是运用的手法技巧上都很独到，他写字作画要求关心民苦、反映底层劳苦大众的需求，艺术实践与民间疾苦紧密相连，表现出积极向上的意义，反映了他"立功天地，字养生民"的美好愿望。除此之外，板桥对于绘画的技巧与表现形式也多有探讨，他强调绘画不能拘泥于一家，要博采众长，学习古人之时又不落古人窠臼。同时他还用书法的笔法绘画，又将书法融入到绘画之中，使书法与绘画共同表现审美意蕴。

首先，板桥的绘画阐明了他关心民瘼的观点。板桥曾说过："凡吾画兰、画竹、画石，用以慰天下之劳人，非以供天下安享之人也。"他在《潍县署中与舍弟墨第五书》中写道："写字作画是雅事，大丈夫不能立功天地，字养生民，而以区区笔墨供人玩好，非俗事而何？东坡居士刻刻以天地万物为心，以其余闲作为枯木竹石，不害也。若王摩诘、赵子昂辈、不过唐宋间两画师耳！试看其平生诗文，可曾一句道着民间痛痒？"可见他最关心的是"民间痛痒"，这与他在诗词与家书中的追求是一脉相承的。板桥赞扬苏轼"以天地万物为心"，于闲暇之时作画并无害处，而王维、赵孟頫这些名声很大的古代画家，他们的诗文并没有多少体现民生疾苦的作品，所以并不看重他们的书画。板桥在书画史与文学史上都具有重要的地位，他做官的同时，仍然保持着文人的面貌，并没有因做官而忘掉艺术创作，而在进行艺术创作之时也没有忘了做官的责任。他在公务之余坚持写字作画并不是为了打发闲散时间，而是在创作之时也想着如何体现"民间痛痒"，可见其对"民瘼"的关心。板桥正是以此高尚的情怀作画来寄托自己高洁的精神品格，把传统文人画的意境和技巧推向了一个新的高峰。

其次，板桥的绘画表明了不拘一格的观点。板桥曾在《墨兰图轴》的题识中说道："予作兰有年，大率以陈古白先生为法。及来扬州，见石涛和尚墨花，横绝一时，心善之而弗学，谓其过纵，与之自不同路。又见颜君尊五笔极活，墨极秀，不求异奇，自有一种新气。又有友人陈松亭，秀劲拔俗，矫然自名其家，遂欲仿之。兹所飘擎，其在颜、陈之间乎？然要不知似不似也。"这段话表明他作兰不拘泥于某一家的观点。不拘泥于某一家的前提是对"习古"的摒弃，板桥在题画中曾说："画兰之法，三枝五叶；画石之法，丛三聚五。皆起手法，非为兰竹一道仅仅如此，遂了其生平学问也。古之善画者，大都以造物为师。天之所生，即吾之所画，总需一块元气团结而成。此幅虽小景，要是山脚下洞穴旁之兰，不是盆中磊石凑栽之花，谓其气整故尔。聊作二十八字以系于后：'敢云我画竟无师，亦有开蒙上学时。画到天机流露处，无今无古寸心知。'"板桥所说的"天之所生"就是他所要画的，要以造物为师。每个人的学习都离不开对他人的借鉴与模仿，板桥也不例外，即"亦有开蒙上学时"，而他的可贵之处在于突破古人藩篱，他最终的追求是不拘一格，不宗一家，以达到无古无今的地步。他在《墨竹图横幅》中也说："吾邑善画竹者，以禹鸿胪为最，而渔庄尚友次之。禹竹称于上都，渔庄之名遍于湘楚，皆童而习之，老而入妙。予不逮二公远甚。今年七十有一，不学他技，不宗一家，学之五十年之辍，亦非首而已也。翔高老

长兄四十初度，索予写竹为寿，且曰：‘宁乱毋整，当使天趣淋漓，烟云满幅。’此真知画意者也。予既出机轴，亦复远追禹、尚二公遗笔。是不独郑竹，并可谓之尚竹、禹竹，合是三家，以为华封人之三祝，有何不可？"这是板桥七十一岁高龄之时所题，他评论了同邑中的一些画家的绘画，后说自己能自出机杼，这是非常可贵的。板桥还说："学者诚能八面玲珑，千古文章之道，不出于是，岂独画乎？"他认为不仅在作画上要能够不拘一格，而且在其他的文章中也应该如此。

再次，板桥的绘画中表达了书画相通的观点。他自己也曾这样谈到书画的相通性，他说："与可画竹，鲁直不画竹，然观其书法，周非竹也，瘦而腴，秀而拔，敧侧而有准绳，折转而多断续，吾师乎！吾师乎！其吾竹之清瘦雅脱乎！书法有行款，竹更要行款，书法有浓淡，竹更要浓淡，书法有疏密，竹更要疏密。"

其书画相通的观点还表现在：其一，书法的笔法可以融入到绘画之中，线条精炼而能够富有弹性；其二，"六分半书"的题款富有形式上的美感；其三，将绘画的笔意与笔法融入到书法之中，使书法更加灵活多变；其四，多种书体之间以及书体与绘画之间能够融汇贯通，达到审美的最佳效果。

最后，板桥的绘画还阐述了"眼中之竹""胸中之竹""手中之竹"三者之间的关系。板桥在《露竹新晴图轴》题识曰："客舍新晴，晨起看竹，露浮叶上，日在梢头，胸中勃勃，遂有画意。其实胸中之竹，并不是眼中之竹也。因而磨墨展纸运笔，又是一格，其实手中之竹，又不是意中之竹也。步步变相，莫可端倪，其天机流露，有莫知其然而然者，独画云乎哉？"这就是板桥著名的"三竹说"，在板桥之前，苏轼对此早有讨论。从实质上看，他们的讨论即是"形之于心"与"形之于手"的关系，也即是把看到的形象落实到纸上的过程。看到的竹子是"眼中之竹"，属于现实层面的物象，当磨墨运笔之时，所想到的竹子是"胸中之竹"，属于的构思层面的意象，当竹子落实到纸上之时，这属于符号层面的语象，是将物象与意象物化的结果。板桥的"三竹说"具有深刻的理论意义。

另外，板桥在绘画中表达了独特的意蕴，提出画意在"活"的观点。板桥在《竹石图轴》题识中说："昔东坡居士作枯木竹石，使有枯木石而无竹，则黯然无色矣。余作竹作石，固无取于枯木也。意在画竹，则竹为主，以石辅之。今石反大于竹、多于竹；又出于格外也。不泥古法，不执己见，惟在活而已矣。"提出画之意在"活"的观点。他的画追求"意在笔先"，做到了气韵为主，从而能够"不泥古法，不执己见"，达到"活"的效果。板桥的画作布局以少胜多，笔法瘦健挺拔，用墨浓淡相宜，疏密结合，宾主得体，显得清新淡雅，又不失意境韵味，真正达到了"活"的境界。

板桥在绘画实践与绘画理论上都有出色的表现，在绘画上的创新观念特别值得我们学习与借鉴。板桥绘画对后世也具有深远的影响，而相比于他的诗文价值来说，在绘画上他也是开一代画风的伟大人物，后代很多画家都或多或少地受其风格影响，他的绘画不仅成为中华民族历史文化的宝贵遗产，而且还被越来越多的世界人民所接受并喜爱。

# 第五章　郑板桥的家书

　　家书是写给亲人的书信，寄托着浓浓的关怀，蕴含着无限的亲情，承载着不尽的嘱托。收到一封亲人从远方寄来的家书，心里会感到家的温暖，而寄出一封家书则又寄去了多少思念。与其他文章相比，可以说最真诚、最珍贵的莫过于家书了。寄给子女则更多的是对子女的希望和教导，写给兄弟姐妹则更多的是对兄弟姐妹的寄托与期盼。最早的能够公开于世的家书似乎可以追溯到魏晋南北朝时期，但不能说在这之前没有家书，如汉末古诗就有"客从远方来，遗我双鲤鱼，呼儿烹鲤鱼，中有尺素书"的诗句，而"长跪读素书，书中竟何如？上言加餐饭，下言长相忆"几句便交代了信中的内容。东汉时期的马援与三国时的诸葛亮都曾作有《诫子书》，到了南北朝时，便出现了第一部家书专著——《颜氏家训》（颜之推著），其将自己的人生经历与处世哲学以家训的形式写成书来告诫子孙，教子孙如何立身处世、持家治业，对后世产生了深远的影响。到了清代，家书的流行更是相当的普遍，纪晓岚、曾国藩、林则徐、张之洞、李鸿章、左宗棠等大臣都有家书传世，而板桥的家书更是在当时流传的很广泛。

板桥在他的《板桥诗钞》中共收录了十六封家书，这十六封家书都是寄给他的堂弟郑墨的，有讨论诗与词的，有讨论如何做文章的，有讨论如何教育子弟的，有讨论家务与家事的，内容驳杂不一，可以说是集政论、诗论、史论、家训于一体。板桥的家书当然不止这些，但是经过他亲手选定、公开发表、刻在诗集里给世人看的就只有十六封。板桥的家书由司徒文膏刊刻，他在家书的前面还有一段小序，序中说："几篇家信，原算不得文章，有些好处，大家看看，如无好处，糊窗糊壁，覆瓴覆盎而已，何以为序！"可见板桥的谦逊之意。然而只要我们通读了板桥家书之后，就会发现他的诸多好处。

　　板桥的家书语言质朴简洁，娓娓道来，篇篇都可读，句句都上口，绝不像道学家的那种枯燥无味的说教，而是让我们读来有一种亲切之感。他在家书中，与其弟互通音讯，纵谈人生，讨论学问，商量家事，都是些家常的话，但是却极富有真情。而板桥家书不仅是真情的流露，而且还带有几分幽默。他在家书中表达了他自己的为人处世观以及读书作文的观点，于字里行间流露出对比他小二十多岁的堂弟郑墨的寄托，或是直接地训诲，或是间接地引导，并且用儒家的道德思想来谈修身、齐家、治国、平天下，充分反映了板桥自己的内心世界，而且具有儒家那种温柔敦厚的长者风范。

# 一、读书治学

　　板桥在家书中曾多次与他的弟弟讨论读书与治学。对于读书与治学他有自己独到的见解，他认为读书不能囫囵吞枣，盲目滥读，更不能不分精华糟粕。他说："读书以过目成诵为能，最是

不济事。眼中了了，心下匆匆，方寸无多，往来应接不暇，如看场中美色，一眼即过，与我何与也。"读了很多书，虽然记住了，也没有用处，好像是走马观花，一眼即过，最是无济于事。又说："千古过目成诵，孰有如孔子者乎？读《易》至韦编三绝，不知翻阅过几千百遍来，微言精义，愈探愈出，愈研愈入，愈往而不知其所穷。虽生知安行之圣，不废困勉下学之功也。"认为读书应该向孔子那样熟读、精读，要多读才能领会其中的深意与妙处。他还举了苏东坡读书的例子，苏东坡在翰林院读《阿房宫赋》时曾读到四更，侍候他的老吏都感到疲倦了，而他却不感到疲倦，是因为他读到了书中的妙处，领悟到了其中的内涵。这也是我们在读书的时候应该有的一种精神，而不是"一眼即过"的那种盲目浏览。他说读书要分主次，他举《史记》为例，认为如果把一部《史记》的每一篇都读了，每一个字都记住了，那么他可能什么也没读到，并斥之为"没分晓的钝汉"！他认为《史记》当中的《项羽本纪》是最应该去细细阅读的，而在《项羽本纪》中，仔细去读的应该是"巨鹿之战""鸿门宴""垓下之围"等篇章，这些都是可歌可泣的，可见读书要读其精华、去除糟粕，并要熟读精思。

读书对于我们今天来讲，是最平常不过之事。然而我们读书似乎从小就带有一种功利的目的，是为了寻求一个出路，而这种功利的目的大部分是由家人的灌输而得来，试问有多少人最初读书是为了自身的休养问题呢？等我们明白过来，似乎也欣然接受了这种意愿。不管怎样，书我们还是应该去读的，毕竟读书没有什么坏处。板桥也注意到了这个问题，他说："凡人读书，原拿不定发达。然即不发达，要不可以不读书，主意便拿定也。科名

不来，学问在我，原不是折本的买卖。"最初读书不知道能不能发达，但是书还是一定要去读的，中不了科名，至少还收获了学问，这也不是什么赔本的买卖。

在劝他的弟弟读书时候，他说："吾弟读书，《四书》之上有《六经》，《六经》之下有《左》《史》《庄》《骚》，贾、董策略，诸葛表章，韩文杜诗而已，只此数书，终身读不尽，终身受用不尽。"又说："《六经》之文，至矣尽矣，而又有至之至者：浑沦磅礴，阔大精微，却是家常日用，《禹贡》《洪范》《月令》《七月流火》是也。当刻刻寻讨贯串，一刻离不得。张横渠《西铭》一篇，巍然接《六经》而作。"可见他对儒家经典的推崇以及对读书的态度。当然，他对于儒家的经典并不是一味的推崇，而是认为在读书时应该"自出眼孔、自竖脊骨"，要有特识，即能有自己独到的见解，不能随人俯仰，如果读书到处随人俯仰便成了可怜之人了。

关于治学，我们先来看他在给他弟弟郑墨的信中的一段话："江雨初晴，宿烟收尽，林花碧柳，皆洗沐以待朝墩。而又娇鸟唤人，微风叠浪，吴楚诸山，青葱明秀，几欲渡江而来，此时坐水阁上，烹龙凤茶，烧夹剪香，令友人吹笛，作《落梅花》一弄，真是人间仙境也。"（《仪真县江村茶社寄舍弟》）这段文字的描写是多么的优美，有如人间仙境，声色俱在，语言简朴，灵活生动，读来沁人心脾。接着他就说："嗟乎！为文者不当如是乎！"可见文章中体现一种鲜秀之气也是他的追求。他还对郑墨说："吾弟为文，须想春江之妙境，挹先辈之美词，令人悦心娱目，自尔利科名，厚福泽。"认为为文需要让人赏心悦目。

板桥还认为，作文章应该以沉着痛快为主旨，他推崇《左传》

《史记》《庄子》《离骚》等经典以及杜甫的诗歌与韩愈的文章。文章的要旨需要"至若敷陈帝王之事业，歌咏百姓之勤苦，剖晰圣贤之精义，描摹英杰之风猷"，并要讲的实在，说的痛快为妙，当然这只是一家之言，但也是板桥治学的独到之处。而他对当时"时文"（八股文）的观点就让人难以接受，他极力推崇时文，认为"本朝文章，以方百川制艺为第一"，并且从幼时就读了二百多种方百川的制艺之文，可见他对这种文体的钟爱，然而八股文的条条框框对我们做文章来抒写性情却没有什么好处可言，而他却极力推崇，这也是他思想上的不足之处，也反映了他落后的封建思想。

在作诗方面，他也提出了自己独到的见解。他说作诗并不难，难的是怎么才能有一个好的题目，好的题目确定，诗自然就会好了，即诗歌创作时要注重选题立意的主导作用，意高则格高，意卑则格卑，并告诫他的弟弟在作诗上谨慎选题、立意。

在作诗方面他推崇杜甫，认为杜甫比古今的诗人都高明，就是因为他的诗歌中的题目，他举了杜甫的《哀江头》《哀王孙》《新婚别》《垂老别》《前后出塞》《兵车行》《丽人行》《北征》《洗兵马》这些诗来说明杜甫选题的高明之处，就在于他忧心国事，关心民生，把所有的情感都倾注在这些诗中，反映他所经历的国家衰败、百姓流离失所、战乱不休等痛苦的心境，这才能够感人肺腑，可见他主张写诗应该反映民生疾苦的观点。他还提到另一位爱国诗人陆游，认为陆游虽然写了很多诗，题目却很少，不过是《山居》《村居》《春日》《秋日》《即事》《遣兴》等重复的题目，只是为了"了却诗债"的应酬，而且很少反映时事，他说道："且国将亡，必多忌，躬行桀、纣，必曰驾尧、舜而轶汤、武。宋自绍兴以来，主和议、增岁币、送尊号、处卑朝、括民膏、戮大将，无恶不作，无陋不为。百姓莫敢言喘，放翁恶得形诸篇翰以自取戾乎！"认为陆游之所以这样是当时的社会环境所造成的，但这并不能说陆游的诗歌没有可取之处。所以他说："故杜诗之有人，诚有人也；陆诗之无人，诚无人也。杜之历陈时事，寓谏诤也；陆之绝口不言，免罗织也。虽以放翁诗题与少陵并列，奚不可也！"他认为杜甫的诗直击时事，含有劝谏之意，陆游没有写实事只是为了避免陷入罗网而已，将他们相提并论，又有什么不可以的呢？

他还对那些"吟风月，弄花草"的诗家进行批判，认为这种低劣的诗风无益于世，不堪一读。他说："近世诗家题目，非赏花即宴集，非喜晤即赠行，满纸人名，某轩某园，某亭某斋，某楼某岩，某村某墅，皆市井流俗不堪之子，今日才立别号，明日便上诗笺。其题如此，其诗可知，其诗如此，其人品又可知。吾弟欲从事于此，可以终岁不作，不可以一字苟吟。"并提出诗歌"端人品，厉风教"的功用，告诫他的弟弟作诗要是没有好的题目就"论往古，告来今"，从乐府旧题中选取题目，自有做不尽之处。以上从作文与作诗方面都可以看出他的文学思想与治学态度。

## 二、民本思想

板桥家书中多次谈到农民，对农民有着深切的同情，这反映出他具有比较进步的民本思想。他在《范县署中寄舍弟墨第四书》的信中说："我想天地间第一等人，只有农夫，而士为四民之末。农夫上者种地百亩，其次七八十亩，其次五六十亩，皆苦其身，勤其力，耕种收获，以养天下之人，使天下无农夫，举世皆饿死

矣。"认为农民是"四民"（士、农、工、商）之首，农民辛勤地躬耕种田为天下的人们提供粮食，要是天下没有农民，没有人种地，岂不是会饿死全世界上不种地的人。他要求家里人要以农事为本，他说："要须制碓、制磨、制筛罗簸箕、制大小扫帚、制升斗斛。家中妇女，率诸婢妾，皆令习舂揄蹂簸之事，便是一种靠田园长子孙气象。"让家中的妇女都学着做农事，靠农耕来养育子孙后代。而对于乡里的妇女以听戏、玩纸牌过日子的不良风气，他认为应该赶快去制止。

板桥提出过不得多去购置田产来夺那些穷苦农民的土地。他说："吾家业地虽有三百亩，总是典产，不可久恃。将来须买田二百亩，予兄弟二人，各得百亩足矣，亦古者一夫受田百亩之义也。若再求多，便是占人产业，莫大罪过。天下无田无业者多矣，我独何人，贪求无厌，穷民将何所措足乎！或曰：世上连阡越陌，数百顷有余者，子将奈何？应之曰：他自做他家事，我自做我家事，世道盛则一德遵王，风俗偷则不同为恶，亦板桥之家法也。"（《范县署中寄舍弟墨第四书》），可见板桥并不贪求，并且以此为家法，让他的弟弟郑墨引以为戒。

板桥还对当下的读书人提出了批判，他说："我辈读书人，入则孝，出则悌，守先待后，得志泽加于民，不得志修身见于世，所以又高于农夫一等。今则不然，一捧书本，便想中举、中进士、作官，如何攫取金钱、造大房屋、置多田产。起手便错走了路头，后来越做越坏，总没有个好结果。其不能发达者，乡里作恶，小头锐面，更不可当。夫束修自好者，岂无其人；经济自期，抗怀千古者，亦所在多有。而好人为坏人所累，遂令我辈开不得口；一开口，人便笑曰：汝辈书生，总是会说，他日居官，便不如此说了。所以忍气吞声，只得捱人笑骂。工人制器利用，贾人搬有运无，皆有便民之处。而士独于民大不便，无怪乎居四民之末也！且求居四民之末而亦不可得也！"以前认为读书人高人一等，现在却不那么认为了，现在的读书人念书只是为了中举做官，然后去搜刮民众，造大的房屋，买更多的田产，这样看来读书的人对百姓的害处才是最大的，也难怪板桥会将他们排在"四民"之末，甚至说其排在"四民"之末都不够格。将农民的地位提升到了最高点，其民主爱民的思想是多么的可贵。

板桥民本思想的渊源，主要来自儒家的爱民思想。儒家思想中主张的"仁者，爱人"的观念对他的影响非常的深刻，加上他本身家境贫寒，经历过许多生活上的打击与磨难，又有十二年潦倒的仕宦生涯，使这种亲民、爱民的民本思想贯穿着板桥一生，其民本思想体现的是中国悠久的历史文化传统。而对其造成直接影响应是北宋时期著名的思想家、理学创始人之一的张载（世称"横渠先生"）。张载在《西铭》中写道："乾称父，坤称母。予兹藐焉，乃浑然中处。故天地之塞，吾其体；天地之帅，吾其性。民吾同胞，物吾与也。"他所提出"民吾同胞，物吾与也"的思想对板桥的影响很大。另外，张载"为天地立心，为生民立道，为去圣继绝学，为万世开太平"的思想主张，其中心思想就是以民为本的民本思想，这对板桥影响也很大。板桥曾说："叹老嗟卑，是一身一家之事。忧国忧民，是天地万物之事。虽圣帝明王在上，无所可忧，而往古来今，何一不在胸次？叹老嗟卑，迷花顾曲，偶一寓意可耳，何谆谆也！"可见板桥汲取了张载学说中的民本思想，并将其作为自己立身处世的标准。在板桥看来，张载的"民胞物与"思想，与"六经"是一脉相承的，板桥对此十分重视。

所以在给他的弟弟郑墨的信中多次表现出他这种民本思想。

## 三、仁爱忠厚

　　板桥在家书中还表现了他的仁爱之心和忠厚之道。虽然他好骂人，是以得狂名，但是这并不能说他没有仁爱慈善之心，他曾说："以人为可爱，而我亦可爱；以人为可恶，而我亦可恶矣。……囊中数千金，随手散尽，爱人故也。"这种仁爱之心显然是受到了儒家"温柔敦厚"传统的影响。孔子提出"仁"的思想，这是中国古代君子的一种至高的道德休养，板桥受到这种思想的影响，将这种仁爱之心贯穿到他一生的生活中。他在中了进士做了官以后没有忘记对乡里人的照顾，在给弟弟郑墨的信中说："可怜我东门人，取鱼捞虾，撑船结网；破屋中吃秕糠，啜麦粥，搴取荇叶、蕴头、蒋角煮之，旁贴荞麦锅饼，便是美食，幼儿女争吵。每一念及，真含泪欲落也。"可见这种慈善悲悯之心，他还把自己的俸禄让他的弟弟郑墨"挨家比户，逐一散结"。而对于同学如徐宗于、陆白义等落魄未遇之人都有照顾，认为是旧时同学，曾在一起相互玩耍，在破旧的古庙里谈论文章，论兵起舞，讨论天下事，感情都很好，要给予照顾，以敦凤好。又说自己考中进士做了官只不过是侥幸，并不以此在朋友面前炫耀。而"敦宗族，睦亲姻，念故交"，又体现了儒家的忠厚之道。

　　板桥对于自己的孩子更是倍加呵护。他说："余五十二岁始得一子，岂有不爱之理！"但是这种爱又不是那种所谓的溺爱，什么事都处处袒护的偏爱，而是"爱之必以其道，虽嬉戏顽耍，务令忠厚悱恻，毋为刻急也"的爱之以道。对于孩子的教导也贯穿着儒家的温柔敦厚的优良传统，他在信中对郑墨说："我不在家，儿子便是你管束。要须长其忠厚之情，驱其残忍之性，不得以为犹子而姑纵惜也。家人儿女，总是天地间一般人，当一般爱惜，不可使吾儿凌虐他。凡鱼飧果饼，宜均分散给，大家欢嬉跳跃。若吾儿坐食好物，令家人子远立而望，不得一沾唇齿，其父母见而怜之，无可如何，呼之使去，岂非割心剜肉乎！夫读书中举、中进士、作官，此是小事，第一要明理作个好人。可将此书读与郭嫂、饶嫂听，使二妇人知爱子之道在此不在彼也。"又说："纸笔墨砚，吾家所有，宜不时散给诸众同学。每见贫家之子，寡妇之儿，求十数钱，买川连纸钉仿字簿，而十日不得者，当察其故而无意中与之。至阴雨不能即归，辄留饭；薄暮，以旧鞋与穿而去。彼父母之爱子，虽无佳好衣服，必制新鞋袜来上学堂，一遭泥泞，复制为难矣。"板桥在山东做官时，家眷都在兴化老家，他让郑墨管束孩子，要培养其忠厚之情，而去其残忍之性，要使他明白如何去做一个好人。不仅如此，他还由爱自己的孩子推及到怎样去爱别人的孩子，对贫苦人家的孩子还要给予帮助，并且还要顾及到他们的感受，"于无意中与之"，这种推己及人的观念正是源于儒家"仁"的核心思想。

## 四、平等观念

板桥的家书中还体现了平等的观念。他曾在书信中对郑墨说："愚兄平生最重农夫，新招佃地人，必须待之以礼。彼称我为主人，我称彼为客户。主客原是对待之意，我何贵而彼何贱乎？要体貌他，要怜悯他，有所借贷，要周全他，不能偿还，要款让他。"这不仅体现了板桥对农民的关爱与怜悯，而且还表现出了平等的思想，对农夫以主客之礼不正是一种平等的思想吗？要知道在等级观念极强的封建社会有这样的思想是多么的难能可贵。他还认为人都是黄帝、尧、舜的子孙，没有什么贵贱之分，并反对富人欺负穷人的恶劣行为，他说："谁非黄帝尧舜之子孙，而至于今日，其不幸而为臧获，为婢妾，为舆台、皂隶，窘穷迫逼，无可奈何。非其数十代以前即自臧获、婢妾、舆台、皂隶来也。"对婢妾、舆台、皂隶等地位卑微之人给予同情，并发出"王侯将相岂有种乎"的慨叹。又说："而一二失路名家，落魄贵胄，借祖宗以欺人，述先代而自大。辄曰：彼何人也，反在霄汉；我何人也，反在泥涂。天道不可凭，人事不可问。嗟乎！不知此正所谓天道人事也。"他反对那些以贵傲贱的行为，对那些落魄的贵族子弟妄自尊大，借祖宗的地位来欺压别人的行为极力批判。

他还对家里从前的奴仆给予同情，他说："愚兄为秀才时，检家中旧书簏，得前代家奴契券，即于灯下焚去，并不返诸其人。恐明与之，反多一番形迹，增一番愧恶。"烧去从前家奴的契券，免得增加他们的羞愧。而他自己用人，却从来不用写契券，愿意留下的就留下，不愿意留下的就随他而去，这样做的好处是既方便了别人，也方便了自己，并说："何苦存此一纸，使吾后世子孙，借为口实，以便苛求抑勒乎！"他还劝诫他的弟弟做事不要预留把柄，使别人自入网罗，不能逃脱，导致其穷苦加速而招来祸害，这样便会殃及到他们的子孙。他还说不要去算计别人，算计别人到头来就会算计到自己头上来，没有什么好处。可见他的为人处世观。

板桥还提出了他的天道观，这种天道观建立在儒家仁爱思想的基础之上。他说："夫天地生物，化育劬劳，一蚁一虫，皆本阴阳五行之气絪缊而出。上帝亦心心爱念。而万物之性人为贵，吾辈意不能体天之心以为心，万物将何所托命乎？蛇蚖蜈蚣、豺狼虎豹，虫之最毒者也，然天既生之，我何得而杀之？若必欲尽杀，天地又何必生？亦惟驱之使远，避之使不相害而已。蜘蛛结网，于人何罪，或谓其夜间咒月，令人墙倾壁倒，遂击杀无遗。"他认为天下万物都是由阴阳五行化育出来，上天有大爱之心，而人生于天地间也应该有这种大爱之心，即使那些凶猛的野兽或者毒虫，上天既然化育了它，我们又何必要去杀害它，只要把它驱走，不让它对我们造成伤害就可以了，毕竟它们也没有什么罪过。万物生来即是平等的，虽然以人性为贵，但也不应该为了满足人的欲望而对其进行破坏，体现了他天道观中的平等的思想。

## 五、教育子女

在对待子女教育问题上，板桥的家书中所表现的观念可谓在几百年后的今天看来仍然很有借鉴意义。他说："我虽微官，吾儿便是富贵子弟，其成其败，吾已置之不论；但得附从佳子弟有成，亦吾所大愿也。"他说他自己官虽不大，但是自己的孩子也算是富贵子弟了，他是否能有成就且不说，只要他能够依附随从读书的优秀子弟学有所成，就心满意足了。

他教育儿子在对待同学上，需要谨慎。他说："吾儿六岁，年最小，其同学长者当称为某先生，次亦称为某兄，不得直呼其名。"他还教育子女一定要尊敬老师，选择好老师就要尊敬他，不要挑老师的毛病。他说："夫择师为难，敬师为要。择师不得不审，既择定矣，便当尊之敬之，何得复寻其短？"板桥去山东做官，忙于事务，就不能自己教自己的孩子学习，就为孩子请了老师，他认为为孩子请的老师不一定是"一方之秀"，也未必是"海

内名流"，但也不要"暗笑其非"或"明指其误"，这样的话，当老师的就会感到心里不安，教学授课的时候就不会尽心尽力了。他说："不如就师之所长，且训吾子弟之不逮。如必不可从，少待来年，更请他师；而年内之礼节尊崇，必不可废。"认为学习老师的长处，如果实在不行的话，等到来年再换一个老师，但是今年的礼节一定不能没有，可见他尊师重教的态度。他还认为要以儒家的仁爱思想来教育他的子女，须要"长其忠厚之情，驱其残忍之性"，要做一个明事理的好人。板桥在家书中将自己的教育儿女的的看法说给郑墨，要郑墨好好地管家，并管教他的儿子，信中的语言非常平和，带有商量的口吻，让我们充分地感受到了一个长者的风范，这也是板桥展示给我们最重要的一面。

另外，板桥的家书不乏优美的景物描写，给人以清新明亮之感。如他在《仪真县江村茶社寄舍弟》中说："江雨初晴，宿烟收尽，林花碧柳，皆洗沐以待朝暾；而又娇鸟唤人，微风叠浪，吴、楚诸山，青葱明秀，几欲渡江而来。此时坐水阁上，烹龙凤茶，烧夹剪香，令友人吹笛，作《落梅花》一弄，真是人间仙境也。"描绘了一幅雨后初晴、清新明秀的图画，并说明为文应当如此。又如他在《潍县署中与舍弟墨》之《书后又一纸》中写道："所云不得笼中养鸟，而予又未尝不爱鸟，但养之有道耳。欲养鸟莫如多种树，使绕屋数百株，扶疏茂密，为鸟国鸟家。将旦时，睡梦初醒，尚展转在被，听一片啁啾，如《云门》《咸池》之奏，及披衣而起，颒面漱口吸茗，见其扬翚振彩，倏往倏来，目不暇给，固非一笼一羽之乐而已，大率平生乐处，欲以天地为囿，江汉为池，各适其天，斯为大快，比之盆鱼笼鸟，其枘细仁忍何如也！"短短几句，画面清新优美，语言如诗，仿佛我们置身于茂密的树林中，听一片鸟语惆啾，这不仅给我们身心上的愉悦，还带给我们艺术上的享受，况且它还具有丰富的内涵蕴于其中。

　　修身、齐家、治国、平天下是中国古代封建士大夫的一种追求，也是一种完美的理想，而在封建社会中，家庭、家族确实占有十分重要的地位，那么由齐家所形成的一种"家文化"就显非常重要，因此也成为古代封建士大夫理想中一个重要的环节。板桥的家书更是这种"家文化"的代表之作，无论是在日常琐碎事务上，还是在读书、治学、教子方面，皆是忠厚之言，道出了他自己为人处世的原则，其中也透出了他历经坎坷之后中庸的处世态度。清代张维屏在《松轩随笔》中称板桥的家书为"皆世间不可磨灭文字"，而事实上，板桥的家书也确有其独到之处，这都是需要我们认真去发掘的东西。

# 第六章　郑板桥的交游

　　板桥在《板桥自序》一文中曾说："板桥游历山水虽不多，亦不少；读书虽不多，亦不少；结交天下通人名士虽不多，亦不少。"考察板桥交游，与他结交的天下名士"虽不多"是谦虚之词，"亦不少"则诚非虚言。作为"扬州八怪"之首的板桥，与其他"七怪"以及当时扬州的一些文士都有往来。另外，据《本朝名家诗钞小传·郑板桥诗钞小传》记载："板桥少颖悟，读书饶别解，卓有文名。家故贫，落拓不羁。壮岁客燕市，喜与禅宗尊宿及期门、羽林诸子弟游。日放言高谈，臧否人物，无所忌讳，坐是的狂名。"可见，板桥除了与当时"扬州八怪"之另外"七怪"频繁交往外，还与当时的禅宗尊宿、皇室贵族以及四海名流均有往来。板桥的交游虽不乏名门贵族，但绝大多数都是位居中下层的寒儒，这应与板桥的性格以及当时所处的地位有关。以下将对板桥与当时主要人物的交游做一个比较详细的介绍。

## 一、扬州八怪

　　说到"扬州八怪"，就不得不说一说扬州。扬州这个名词一听

起来就能给人一种很古老的感觉，而且也会使人产生一种强烈的历史感，就好比人们一提起敦煌、西安、洛阳等城市，我们会不假思索地就会想到他们都是古都，而扬州正是有着悠久历史且蕴含着丰厚的文化底蕴的城市。扬州地处江淮之间，自隋唐以来就已经富甲天下，正所谓"扬州自古繁华地"。而提起扬州来，总能让人想到那些描写扬州城的美丽诗歌。唐朝李白有诗云："故人西辞黄鹤楼，烟花三月下扬州。孤帆远影碧空尽，惟见长江天际流。"三月的扬州，繁花盛开，带有朦胧而美丽的情境。张祜也有诗云："十里长街市井连，月明桥上看神仙。人生只合扬州死，禅智山光好墓田。"十里长街，月明千里，胜似神仙之境。晚唐杜牧的《遣怀》诗云："落魄江湖载酒行，楚腰纤细掌中轻。十年一觉扬州梦，赢得青楼薄幸名。"落魄的风流才子梦醒后对扬州产生淡淡的哀怨。而"二十四桥明月夜，玉人何处教吹箫"的情境是多么空灵静谧，典雅清秀；"春风十里扬州路，卷上珠帘总不如"的描写又隐藏着怎样的爱情故事；"腰缠十万贯，骑鹤下扬州"的姿态又是多么高调的奢华。从这些诗的描写中可以看出当时的扬州在文人墨客心中的地位，也可见扬州在当时的繁华程度。到了清朝，清初时的扬州虽然经历了"扬州十日"，但是，经过康熙、雍正、乾隆三朝的发展逐渐繁荣兴盛起来，加上当时为"康乾盛世"，政局相对稳定，农业与手工业快速发展，商品经济进一步发展，扬州再一次成为"人文鼎盛"的繁华之地。

扬州有着美丽的自然风光，有梅花岭、小金山、红桥、玉钩斜、天宁寺、平山堂等风景名胜，以及各色人工园林、水榭楼台、蜿蜒曲折的小秦淮、浪漫迷人的瘦西湖。乾隆年间汪沆咏扬州诗云："垂柳不断接残芜，雁齿红桥俨画图。也是销金一锅子，故

应唤作瘦西湖。"板桥也曾写诗云："画舫乘春破晓烟，满城丝管拂榆钱。千家养女先教曲，十里栽花算种田。"可见扬州从骨头里散发出一种别样风姿韵味。另外，清朝时的扬州水陆交通便利，南漕北运，为船舶必经之地，遂使之成为全国最大的盐业集散之地，两淮转运使都以此地为驻地。加之盐业极盛，盐商集聚，扬州遂成为东南的第一大都会。经济的繁华富庶也促进了文化艺术事业的发展，大批文人学士多汇集扬州，在本地盐商以及官员倡导风雅之下，经常举办诗会文宴，一时诗文创作名著海内。不少盐商巨贾也要去附庸风雅，对四方之名士延揽接待，扬州也因此吸引了包括众多的诗人文士和艺术家等在内的全国各地的名流，所以扬州不仅成为了东南的经济中心，也成为了东南的文化艺术中心。那些富商巨贾为满足自己奢侈生活的需要，大量搜求物质和精神上的产品，如鲜衣美食、珍宝珠玉、精美的工艺品等，特别是书画。就连当时稍稍富有的平民也向这些名士以及艺术家求字求画来悬挂室中，装饰门庭。当时民间有谚语说："堂前无字画，不是旧人家。"加上康、乾两帝六次南巡，皆曾驻跸扬州，也极大刺激了扬州文化艺术事业的繁盛。对书画的大量需求，扬州更吸引大量的画家、书法家等纷至沓来，本地亦因此产生和造就了一批书画艺术大家。据李斗的《扬州画舫录》所记载的清初至乾隆末的画家就有一百多人，他们大都是职业的文人画家，大多数出身贫寒，经历坎坷，为生活所迫，而恰巧扬州又有卖画的市场，他们便集聚于此，卖文鬻字，糊口养家。他们的作品各有擅长，风格种类并不一致。而随着资本主义的萌芽，原有的封建经济也势必受到冲击，反映到文艺领域，人们则不满足于陈旧的一套，而是推陈出新，成为打破陈旧艺术风格的先行者，他们为画坛书史吹来一股创新之风，带来一股革新的潮流，尤以"扬州八怪"最为出名。

"扬州八怪"是指一批反对正统画派画法并打破时俗的"怪"画家，他们的"怪"也表现在个人思想行为上，对于那些守旧的人，见到这样与众不同的人就称其为"怪"了。"扬州八怪"的艺术观点、创作方法基本是主张创新、注重实践。关于"扬州八怪"所指哪些人，说法不一，据李玉棻《瓯钵罗室书画过目考》记载，"扬州八怪"包括郑燮、罗聘、李方膺、李鱓、金农、黄慎、高翔、汪士慎八个人。另外，其他书中所列的尚有华喦、高凤翰、边寿民、闵贞等人。其实"八怪"也并非就是八个人，也没有必要局限在八个人的身上。而"怪"是后人给他们安上去的，他们是有"怪"的一面，但是他们也有不怪的一面，也许是因为生活所迫，才使他们不仅在言行举止上表现出"狂""怪"一面，而且也会渗透到他们的艺术作品里。"扬州八怪"都是清代扬州画派的主流人物，而且因各人的经济情况、政治地位以及对待生活的态度存在着一定的相似性，才使得他们意气相投，关系密切，他们经常在一起谈诗论画，且互有诗画赠答，其中板桥与李鱓、金农的关系最为密切。

## （一）李鱓

李鱓，字宗扬，号复堂，又号懊道人，扬州兴化人，与板桥是同乡。生于康熙二十五年（1686），乾隆二十七年（1762）卒于扬州。李鱓出身于名门世家，家境丰裕，他曾用过两方印章，分别为"神仙宰相之家""李忠定文定子孙"，因为明朝宰相李春芳（兴化县人）是李鱓的先祖，李鱓是其六世孙，而且李鱓的祖父和父亲在

当地也很有名望。李鱓于康熙五十年（1711）中举，时年二十五岁。后来得到康熙皇帝的赏识，在宫廷内充任画师，并充任康熙侍从。其后，由于性格洒脱放纵，不喜欢按照规定的题材来作画，后被画院以"不中款式"之名被罢黜。乾隆三年（1738），出任山东滕县知县，因触犯权贵，乾隆五年罢官。回到兴化之后，修建了一座"浮沤馆"，吟诗作画，并往来于扬州，卖画游乐，著有《浮沤馆集》。李鱓善画山鸟虫鱼，画学李媲、蒋廷锡、高其佩，其画作先工笔后写意，笔力劲健，极富生趣。曾三变画风，最后终老扬州，年七十六岁。

李鱓生于康熙二十五年（1686），板桥生于康熙三十二年（1693），小李鱓七岁，虽为同乡，却"生小不相识"，他们第一次相遇当在扬州，具体时间不见记载。板桥题黄慎的《末山小祯》一诗云："苍茫一响扬州梦，郑、李兼之对榻僧。记我倚兰论画品，蒙蒙水气隔帘灯。"诗作于雍正六年（1727），板桥此时三十六岁，由诗可见，板桥与李鱓、黄慎三人曾在天宁寺中论画，这也是有关他们相交游的最早记载。板桥五十七岁时在他的《板桥自叙》中云："然板桥从不借诸人以为名，惟同邑李鱓复堂相友善，复堂起家孝廉，以画事为内廷供奉。康熙朝，名噪京师及江淮湖海，无不望慕叹羡，是时板桥方应童子试，无所知名。后二十年，以诗词文字与之并比齐声，索画者，必曰复堂；索诗字文者，必曰板桥。且愧且幸，得与前贤坪也。"从这段话来看，板桥与李鱓在乾隆十五年（1749）左右方始"比并齐声"，但板桥以诗文字出名，而李鱓则以画出名。李鱓二十五岁便中了举人，可谓少年得志，板桥则四十四岁才中举人，且称李鱓为前贤，并以与之齐名为幸事。

雍正十二年（1734）十月，两人曾共同创作了一幅画作，板

桥题诗云："君家蕉竹浙江东，此画还添柱石功。最羡先生清闲客，公袍南院四时红。"流露出对李鱓的倾羡。同年的十一月，李鱓补成《菊石图》，并题曰："此画不知作于何时，雍正甲寅十一月十日，同板桥居士、莲岩上人过登李世兄宅，乃沘笔足成之。"可以看出此后二人的交往逐渐增多，并有共同访友的经历。

在李鱓出任山东滕县之前，也即在雍正十三年（1735）到乾隆元年（1736）之间，板桥曾在李鱓宅相聚饮酒，板桥写了一首长歌《饮李复堂宅赋赠》，其诗云："四月十五月在树，淡风清影摇窗户。举酒欲饮心事来，主客无言客起去。主人起家最少年，骅骝初试珊瑚鞭。护跸出入古北口，橐笔侍直仁皇前。才雄颇为世所忌，口虽赞叹心不然。萧萧匹马离都市，锦衣江上寻歌妓。声色荒淫二十年，丹青纵横三千里。两婴世网破其家，黄金散尽妻孥嬉。剥啄催租恼吏频，水田千亩翻为累。途穷卖画画亦贱，佣儿贾竖论非是。昨画双松半未成，醉来怒裂澄心纸。老去翻思踏软尘，一官聊以庇其身。几遍花开上林树，十年不见京华春。此中滋味淡如水，未忍明良径贱贫。"这首诗对李鱓复杂而又十分痛苦的心情给予理解和支持，并说虽然为官滋味清淡如水，不忍心看到他甘于贫贱和遭人欺压。也许是板桥的这首诗起到了一定的作用，李鱓于乾隆元年（1736）由人举荐，得以出任山东滕县知县，后上任不久后又遭罢官。他在给朋友的一封信中说道："近况不堪为知己道矣！平生以朋友为性命，顾万峰、郑板桥暨荐青先生外又得戴遂堂一人。"可见，此时李鱓已经把板桥视为"性命之交"之列了。板桥在初做范县县令时，曾画了三幅画，有一幅就是寄给李鱓的，他说"今日画石三幅：一幅寄胶州高凤翰西园氏，一幅寄燕京图清格牧山氏，一幅寄江南李鱓复堂氏。三人

者，予石友也。昔人谓石可转而心不可转，试问画中之石尚可转乎？千里寄画，吾之心与石俱往矣。"以画中之石不可移动来比喻他们三人之间的友谊，怎一个"固"字能形容。在范县任职期间，他还写过《绝句二十一首》，其中有一首是写李鱓的，其诗云："两革科名一贬官，萧萧华发镜中寒。回头痛哭仁皇帝，长把灵和柳色看。"我们可以看到李鱓的遭遇，从而深刻地体味出他的辛酸与苦楚。此期间又有七律《怀李三鱓》二首，其一云："耕田便尔牵牛去，作画依然弄笔来。一领破蓑云外挂，半张陈纸酒中裁。青春在眼童心热，白发盈肩壮志灰。惟有莼鲈堪漫吃，下官亦为啖鱼回。"其二云："待买田庄然后归，此生无分到荆扉。借君十亩堪栽秫，赁我三间好下帏。柳线软拖波细细，秧针青惹燕飞飞。梦中长与先生会，草阁南津旧钓矶。"两首诗都是体现出了对李鱓罢官后的感触与怀念之情。在潍县任职期间，板桥曾给李鱓写过两封信，述说为官之苦以及对他的思念之情。后来板桥罢官，与李鱓往来扬州，他在《冬夜喜复堂至》中记载了两人彻夜长谈的情谊："残夜凝寒酒一卮，灯前重与说相思。可怜薄醉微吟后，已是沉沉漏尽时。"老友久别后相逢，说不尽的思念之情跃然纸上，可时间太过于无情，谈兴未尽，已是更漏滴尽之时。乾隆二十七年（1762），李鱓病故，板桥十分悲痛，曾在一幅题画中说道："今年七十，兰竹益进，惜复堂不再，不复有商量画事之人也！"大有郢人逝矣、伯牙子期之知音难遇之感。

### （二）金农

除了李鱓之外，与板桥关系最为密切、情谊深厚的人则莫过于金农了，板桥曾有言曰："杭州只有金农好，宦海长从李游。

每到高山奇绝处，思君同倚树边楼。"可见其二人交情。金农，字寿门，号冬心，又号司农，稽留山民，昔耶居士等，浙江钱塘人（今杭州）。生于康熙二十六年（1687），卒于乾隆二十九年（1764），有《冬心先生集》传世。乾隆元年（1736），荐举博学鸿词，不就，以布衣终老，晚年时皈依佛门，曾自称是"如来最小弟"。金农善写字作画，又喜好古文。据他自己说，五十岁的时候才开始学习作画，但一出手就俨然大家，其书画名闻天下，遂成为一代宗师。其人物、山水画造意新奇，脱尽时习，且嗜好金石古董，并精于鉴赏，书法敦厚醇朴，楷书协有隶意，自创一体曰"漆书"，个性非常突出，是"扬州八怪"中不折不扣的一个"怪"人。据《墨林今话》记载："冬心性情道峭，世多以迂怪目之。"可见他的性格与板桥有相似之处。

板桥比金农小六岁，他与金农的交往也是初在扬州作画师期间。板桥曾作有一首绝句《赠金农》，诗云："乱发团成字，深山凿出诗。不须论骨髓，谁得学其皮！"可见板桥对金农的钦佩，同时也充分显示出了金农的个性。金农的诗词书法，不要说是内在的"骨髓"难企及，就是外表形式，又有谁能学得到呢？板桥在极力称赞的同时，不免也大有知音难遇的感叹。板桥与金农在艺术上互相切磋进步，金农独创出"漆书"，板桥也将汉隶融入楷、行、草书中，独创出"六分半书"，可谓各有千秋。

板桥在《题画竹》中说道："扬州汪士慎，字近人，妙写竹，曾作两枝，并瘦石一块，索杭州金农寿门题咏，金振笔而书二十八字，其后十四字云：'清瘦两竿如削玉，首阳山下立夷齐。'自古今题竹以来，从未有用孤竹君事者，盖自寿门始。寿门愈不得志，诗愈奇，人亦何必泪富贵以自取陋！"可见，板桥对金农的钦

佩之情。这种钦佩之情，在他的诗与文中曾经多次提到过。板桥在范县做知县的时候有一首诗相赠曰："九尺珊瑚照乘珠，紫髯碧眼聚商胡。银河若问支机石，还让中原老匹夫。"意思是说，人们都说"紫髯碧眼"的胡商最能识宝物，但是遇到像天上"支机石"这样的古董，还是得请教金农，可见金农深谙古董之道。然而对于古董，板桥却持有不同态度，他在《与金农书》的信中曾说道："骨董一道，真必有伪，譬之文章，定多赝作，非操真鉴者，不能辨也。夏鼎商彝，世不多有，而见者殊希。老哥雅善博物，燮曾有'九尺珊瑚照乘珠，紫髯碧眼聚商胡'诗以赠矣。然窃有说焉：世间可宝贵者，莫若《易象》《诗》《书》《春秋》《礼》《乐》，斯岂非世上大古器乎。不此之贵，而玩物丧志，奚取焉？然此只堪为知者道耳。狂愚之论，敢以质之高明。寿门征士，燮奉简。"板桥这封信中称金农为老哥，委婉地道出了他对古董的态度，认为世间最宝贵的财富莫过于经典书籍，而古董则会使人玩物丧志，对金农提出规劝，如果不是挚友，怎么会说出这番话来劝他呢？可见他们交谊之深厚。

在范县为官期间，板桥与金农多有书信往来，除了上面提到的一封，他还写过两封信给金农。其中有一封云："赐示《七夕诗》，可谓词严义正，脱尽前人案臼，不似唐人作为一派衰钾语也，夫织女乃衣之源，牵牛乃食之本，在天星为最贵，奈何作此不经之说乎！如作者云云，真能助我张目者，惜世人从未道及，殊可叹也。我辈读书怀古，岂容随声附和乎！世俗少见多怪，闻言不信，通病也。作札奉寄，慎勿轻以示人。寿门征君。弟燮顿首。"信中与金农讨论了诗以及读书，认为不能随人附和。另一封则论词："词学始于李，唐人惟青莲诸子，略见数首，余则未有

闻也。太白《菩萨蛮》二首，诚千古绝调矣。作词一道，过方则近于诗，过圆则流于曲，甚矣，词学之难也！承示新词数阕，俱不减苏、辛也。燮虽酷好填词，其如珠玉在前，翻多形秽耳。板桥弟燮书寄寿门老哥展。"赞扬金农的词"不减苏、辛"，并谦虚地说，在他面前自己的词就显得不成样子了。信都不长，但自是真心流露，别有情味。

金农的一些题记中也有与板桥交往的记载。金农在《冬心先生画竹题记》中说："兴化郑进士板桥，风流雅谑，极有书名，狂草古籀，一字一笔，兼众妙之长。十年前，予与先后游广陵，相亲相洽，若鸥鹭之在汀渚也。"笔端流露着真情，亦见两人之交情。金农在其《冬心先生杂画题记》中高度评价了板桥的画技："吾友兴化郑板桥进士，擅写疏篁瘦藤，颇得萧爽之趣，予写此者，亦其流派也。设有人相较吾两人画品，终逊其有林下风度耳。"当时板桥与金农所画之竹都是很出名的，金农五十学画，六十岁始学画竹，而金农却谦虚地称自己是板桥的流派，赞扬板桥有"林下风度"，可见其对板桥的推重。此时金农已经七十五岁了，板桥也已经六十九岁了，可谓人生古稀，知己难求，而他们的友情却始终如一。

此外，在"扬州八怪"这个范围内，板桥还与黄慎、罗聘、李方膺、高翔、汪士慎、华嵒、高凤翰、边寿民、闵贞等人交往唱和，而且交情也不浅，这些人都是扬州画派的主流人物，且生活经历颇多相似，他们关系密切，互有诗词赠答以及书信往来。可见板桥朋友之多、交游之广，此不赘述。

## 二、禅宗尊宿

板桥所结交的禅宗尊宿有很多，他虽不是佛门弟子，却以"居士""道人"自称，并与之交游，广结善缘。他们多有诗词唱和以及书信、画作的往来，与他结交的僧人竟有三十多位，这些人大都不是一般的唱经念佛之徒，如无方、青崖、仁公、莲峰、博也、弘量、巨潭、福国、松风、巨潭、梅槛、林起、勖宗、侣松、松岳、福国、介庵子等，他们之中有的被朝廷器重，有的德高望重，都有与板桥交游的经历，而且他们对板桥的思想和性格都形成了一定的影响。板桥在给这些朋友的诗、画、信中，也时常流露出逍遥遁世的情怀。

### （一）无方上人

无方上人是板桥交往比较早的一位僧人。他深谙禅理，并兼善书画篆刻，时人评他"字画俱入逸品，诗秀拔无烟气"。曾为清朝恂勤王讲解过佛法。虽名望很高，却"大觉空生，本无来去"。板桥《怀无方上人》诗有"初识上人在西江，庐山细瀑鸣秋窗"之句，追忆他们初识时的情境，应该是在庐山上。又有"后遇上人入燕赵，翁山古瓦埋荒庙"之句，第二次相遇应在京都。板桥在入京之前有《赠翁山无方上人二首》，诗云："山裹都城北，僧居御苑西。雨晴千嶂碧，云起万松低。天乐飘还细，宫莎剪欲齐。菜人驱豆马，历历俯长堤。"其二云："一见空尘俗，相思已十年。补衣仍带绽，闲话亦深禅。烟雨江南梦，荒寒蓟北田。闲来浇菜圃，日日引山泉。"诗中对无方上人"闲来浇菜圃，日日引山泉"的隐居生活表示羡慕，而且相思之情溢于言表。乾隆元年

（1736），板桥赴京赶考应试时，曾游翁山，探访无方上人，作诗《翁山示无方上人》："松梢雁影度清秋，云淡山空古寺幽。蟋蟀乱鸣黄叶径，瓜棚半倒夕阳楼。客来招引欣同出，僧去烹茶又小留。寄语长安车马道，观鱼壕上是天游。"诗句清新俊秀，自得其乐。此诗表达了板桥对庄子"观鱼濠上"人生境界的向往。前四句写景，景色清幽，带有几分孤寂，深切无方上人的僧人形象，展现了一个高雅脱俗的上人形象。板桥在做官后，有《怀无方上人》一首诗，其中有句云："嗟我近事如束柴，爪牙恶吏相推排。不知喜怒为何事，夜梦局蹐朝喧豗。一年一年逐留滞，徒使高人笑疣赘。我已心魂傍尔飞，来岁不归有如水。"流露出他对为官的厌倦以及对无方的思念之情。板桥还曾为无方上人画过竹子与兰花，并题诗曰："春雷一夜打新笙，解择抽梢万尺长。最爱白方窗纸破，乱穿青影照禅床。"另一首为《画盆兰劝无方上人南归》："万里关河异暑寒，纷纷灌溉反摧残。不如归去匡庐阜，分付诸花莫出山。"板桥在书信中有两封给无方上人的信。这些都可已看出他们交往之密切。

### （二）青崖和尚

板桥入京时曾多次拜访过青崖和尚。青崖是香山卧佛寺住持，德高望重。乾隆皇帝曾赠给他一首七律诗：

峰舍宿润黛螺新，一脉曹溪试问津。憩波来青之梵室，对兹衣紫者山人。却欣触目皆无滓，不必谈元始远尘。坐久兰烟消篆字，禽声树色总天真。

可见其得皇帝的宠幸之至。板桥在京期间，有赠青崖之诗，题为《赠青崖和尚》，诗曰：

山中卧佛何时起，寺里樱桃此日红。骤雨忽添崖下水，泉声都作晚来风。紫衣郑重君恩在，御墨淋漓象教崇。透脱儒生千万轴，遂令禅事得真空。

板桥还写了两首与青崖和尚有关的诗，其中一首为《访青崖和尚和壁间晴岚学士虚亭侍读原韵》："西风肯结万山缘，吹破浓云作冷烟。匹马径寻黄叶寺，雨晴稻熟早秋天。"另一首为《山中卧雪呈青崖老人》："一夜西风雪满山，老僧留客不开关。银沙万里无来迹，犬吠一声村落闲。"从这些诗中可以看出他与青崖的交情。

## （三）勖宗上人

板桥也曾与勖宗上人赠诗交往。其中《赠勖宗上人三首》其一云："诗清云淡两无心，人自青春韵自深，好待菊花重九后，万山红叶冷相寻。"板桥还写过一首诗，题为《逢客入都寄勖宗上人》："汝到京师必到山，山之西麓有禅关。为言九月吾来住，检点白云房半间。"并作《与勖宗上人书》曰："忆昔在金台，日与上人作西山之游。夜则挑灯煮茗，联吟竹屋，几忘身外尘世，不似人海中也。迄今思之，如此佳会，殊不易遘。兹待秋凉，定拟束装北上，适有客入都之便，先寄此声，小诗一章，聊以道意，云云。"他们曾游览西山，并挑灯夜话，交谊之情深，徒然而现。

此外，板桥与博也上人、弘量上人、梅鉴上人等僧人互有往来，并多有赠诗。如他的《赠博也上人》诗云："闭门何处不深

山，蜗舍无多八九间。人迹到稀春草绿，燕巢营定画梁闲。黄泥小灶茶烹陆，白雨幽窗字学颜。独有老僧无一事，水禽沙鸟听关关。"弘量上人是板桥同乡，板桥有赠《弘量上人精舍》七绝二首，诗云："渺渺秋涛涌树根，西风落叶破柴门。蛮鸦日暮无人管，飞起前村入后村。""山门夜悄不能呼，冷烛秋船宿苇蒲。残月半天霜气重，晓钟鸡唱满湖东。"另有《别梅鉴上人》，诗云："海陵南郭居人少，古树斜阳破佛楼。一径晚烟篱菊瘦，几家黄叶豆棚秋。云山有约怜狂客，钟鼓无情老比丘。回首旧房留宿处，暗窗寒纸飒飕飕。"从这些诗中来看，板桥与僧人的交游也是非常广泛的，并且板桥的性格以及文学上的风格都受到这些僧人或多或少的影响。

## 三、满族名人

### （一）慎郡王允禧

板桥除了与扬州的中下层文人雅士以及禅宗尊宿的方外友人交往外，还与满族王公名贵互有交游，如当时的满族贵族慎郡王允禧。允禧是清康熙皇帝的第二十一个儿子，也是乾隆的皇叔，字谦斋，号紫琼道人，又号春浮居士，乾隆即位后被封为慎郡王。允禧自幼便淡泊名利，无心政治的争权夺利，而是专心于笔墨丹青，结交于文人墨客。他平生酷爱诗画，能够礼贤下士，与板桥相交甚厚，板桥与允禧的相知与交游便成了当时的一段佳话。他们初识时板桥已经三十三岁，而允禧才十五岁，可算是忘年之交。

苦读寒窗的板桥为了求取功名，曾三次入京，据任乃赓的《郑板桥年谱》所载，三次分别为雍正三年（1725）、乾隆元年

（1736）以及乾隆六年（1741），并与慎郡王允禧时有见面。板桥在他的《板桥自序》中说："紫琼崖主人极爱惜板桥，尝折简相招，自作骈文体五百字以通意，使易十六祖、傅雯凯亭持以来。至则祖而割肉以相奉，且曰：'昔太白御手调羹，今板桥亲王割肉，后先之际，何多让焉！'"允禧以唐玄宗亲手为李白调羹比他亲自为板桥割肉，并豪言"后先之际，何多让焉"，可见其非凡气度，也可以看出两人交情并非一般。

　　清乾隆元年（1736）板桥第二次进京考进士，并金榜题名。乾隆六年（1741）九月，板桥第三次入都等候补缺，因为清代选官的惯例，中了进士并不能立即做官，往往要待定补缺。此时允禧曾派专人招代他。第二年春，板桥即被选授山东范县知县，板桥赴范县前，有《将之范县拜辞紫琼崖主人》赠允禧，诗曰："红杏花开应教频，东风吹动马头尘。阑干苜蓿尝来少，琬琰诗篇捧去新。莫以梁园留贼客，须教七月课豳民。我朝开国于今烈，文武成康四圣人。" 板桥用孔子杏坛设教比喻自己受到允禧的教诲，并表示到范县后一定要很好地"课豳民"，即教育百姓。允禧对他也寄予很大的希望，回诗《送板桥郑燮为范县令》以鼓励，其诗曰："万丈才华绣不如，铜章新拜五云书。朝廷今得鸣琴牧，江汉应闲问字居。四郭桃花新雨后，一缸竹叶夜凉初。屋梁落月吟琼树，驿递诗筒莫遣疏。"此诗感情真挚、殷切，可见友情至深。又有《十咏·新范邑载板桥郑燮》曰："一匹缠头一曲新，风流不省自家贫。无端腰系银鱼佩，闲杀雷塘花柳春。"

　　后来他们也不断有诗词唱和。在板桥做范县知县后不久，即乾隆七年（1742）六月二十五日，为允禧刻《随猎诗草》《花间堂诗草》二书，并有题序云：

　　紫琼崖主人者，圣祖仁皇帝之子、世宗宪皇帝之弟、今上之叔父也。其胸中无一点富贵气，故笔下无一点尘埃气。专与山林隐逸、破屋寒儒争一篇一句一字之短长，是其虚心善下处，即是其辣手不肯让人处。……主人深居独坐，寂若无人，辄于此中领会微妙。无论声色子女不得近前，即谈诗论文之士亦不得入室。盖谈诗论文，有粗鄙熟烂者，有旁门外道者，有泥古至死不悟者，最足损人神智，反不如独居寂坐之谓领会也。……主人有三绝：曰画、曰诗、曰字。世人皆谓诗高于画，燮独谓画高于诗，诗高于字。盖诗、字之妙，如不云之月，带露之花。百岁老人，三尺童子，无不爱玩。至其画，则荒河乱石，盲风怪雨，惊雷掣电，吾不知之，主人亦不自知也。世人读其诗，更读其画，则不知足之蹈之，手之舞之。

　　板桥在这篇序中客观地评价了允禧的诗、书、画，并说："问琼崖之诗已造其极乎？曰：未也。主人之年才三十有二，此正其勇猛精进之时。今所刻诗，乃前矛，非中权，非后劲也。执此为陶、谢复生，李、杜再作，是谄谀之至，则吾岂敢！"可见板桥并不是对其阿谀奉承。

　　乾隆十一年（1746），板桥自范县调任潍县后，曾寄书给允禧，允禧得书即赋诗《喜得板桥书潍县寄到》，诗云：

　　二十年前晤郑公，谈谐亲见古人风。东郊系马春芜绿，西墅弹棋夜炬红。浮世相看真落落，长途别去太匆匆。忽报双鲤垂佳贶，烟水桃花万里通。

诗中高赞板桥磊落的风度，并追忆二人初识时的情境，曾"东郭系马""西墅谈棋"，又恨匆匆相别，但是真情不减，常常寄书传信，相通万里。后来允禧又为《板桥诗钞》题诗曰：

高人妙义不求解，充肠朽腐同鱼蟹。此情古人谁复知，疏凿混沌惊真宰。振枯伐萌陈厥粗，浸淫渔畋无不无。按拍遥传月殿曲，走盘乱泻蛟宫珠。十载相知皆道路，夜深把卷吟秋屋。明眸不识乌雌雄，妄与盲人辨乌鹊。

允禧给予了板桥很高的赞扬，然而板桥却没有因此而沾沾自喜，他时刻想着的是如何做一个为民办事的好官，而且时刻在关心民瘼。而后板桥在调任潍县不久，深感官场的黑暗，加之年近六旬，深感力之不足，在《玉女摇仙佩·寄呈慎郡王》一词中真情祖露了自己的心绪，其词云：

紫琼居士，天上神仙，来佐人间圣世。河献征书，楚元设醴，一种风流高致。论诗情字体，是王孟先驱，钟张后起。岂屑屑丹青绘事，已压倒董巨荆关数子。美一骑翩翩，肯访山中盘根仙李。
我亦青玉烧灯，红牙顾曲，醉卧瑶台锦绮。一别朱门，六年山左，老作风尘俗吏。总折腰为米，竟何曾小补民生国计。凭致书青鹰林边。紫琼天上，诗文不是忙中事。举头遥望燕山翠。

词中先赞扬允禧的为人，然后说我这么一个风尘老吏，做官对国计民生能有什么贡献呢？可以看出其对民生的关心，也流露了归隐的心境。

　　板桥也曾为允禧作过画，在《画兰寄呈紫琼崖道人》题词中写道："山中觅觅复寻寻，觅得红心与素心。欲寄一枝嗟远道，露寒香冷到如令。"诗中深刻地道出二人友情的深厚。以红心与素心比之王公贵族之下层官吏的君子相交，而竟能如此绵长，不得不令人敬佩。除了两人有共同的爱好之外，我想这与板桥独特的人格魅力也应有关。

　　板桥辞官之后，慎郡王允禧曾向板桥过问扬州的故事，其中涉及到杜牧诗中所说的二十四桥，他在《答紫琼崖道人》的信中说道："自别朱门，迭更寒燠，风俗尘吏，屡因为米折腰，劳劳山左，究何补于国计民生。可怜哉，俗吏之俗也！一经解组，如释负重，徜徉山水，寄情诗酒，脸庞反比旧时肥。岂天生顽才，只许如此用耶？举头梁月，低头江波，正值相思，忽颁锦翰，野人落拓，尚劳怀念。金石之交，真愈久弥坚也。……扬州在唐时最为富盛，繁华壮丽甲天下，每夕妓馆燃绛纱灯数万，灯红酒绿，笙歌达旦。一夕灯烛之费，人得之即可致富。旧城南北十五里一百一十步，东西七里三十步，有二十四桥。最西浊河茶围桥，次东大明桥。入西水门有九曲桥，次东正当帅衙，南门有下马桥，又东作坊桥。桥东河转向南，有洗马桥、次南桥，又南河师桥、周家桥、小市桥、广济桥、新桥、开明桥、顾家桥、通泗桥、太平桥、利国桥。南水门有万岁桥、青园桥。自驿桥北，河流东出，有恭佐桥。次东水门东出有山光桥。又自衙门下马桥直南，有北三桥、中三桥、南三桥，号九桥，不通船，不在二十四桥之数。一说出西郭二里许，有小桥，朱栏碧，题曰：'烟花夜月'，相传即为二十四桥旧址。盖二十四桥只是一条桥，尝会集二十四美人于此，故名。或谓杜舍人之'二十四桥明月夜，玉人何处教吹箫'，即指此桥。总之，年代久远，名迹荒圮，郡志中如此说，实不能起古人而问之，今人也只好说说而已。"信中先叙别旧情，然后介绍二十四桥，依次道来，娓娓动听。由南而北，由东而西，由远及近，里数步数，脉络非常清楚。其中说"金石之交，真愈久弥坚也。"可以看出他们的交情之深厚。

乾隆二十二年（1757），允禧在《题郑燮兰竹图卷》中说道："与板桥别十余年矣，江乡千里，晤言无因，适程君振凡以其所画兰竹视余，慨然如见故人，岁寒之盟，同心之臭，有不随形迹疏者，因题数语志之，至其笔墨超俊，世所共赏，故不复云。"可见在板桥为官后就再没有与允禧见面，但却保持者书信的往来，我们也可以感受到允禧见画如见故人的心情，试想江乡千里，往来又多不便，一别十余年，突然见到故人的画作，心情自不一般，直欲使人哽咽。事实证明，他们的友谊也并没有因时间的流逝而萧疏暗淡。而此时的板桥已经六十四岁，辞官已三载，二人交往已有二十多年之久。允禧于次年，即乾隆二十三年（1758）病故，板桥在友人的信中听到这个消息后，非常伤心地说："紫琼仙客，忽归道山，闻之令人气短。"板桥后允禧七年而故。然而有关二人交往的佳话却流传至今。

## （二）图清格

图清格，号牧山，满洲正红旗人，官山西大同知府。画学石涛和尚，以草书之法画菊，自辟蹊径。又善于画墨竹，与板桥多有交往。二人的相识可能是在北京，在北京时，板桥寄给图清格两首诗，其一《赠图牧山》云："我访图牧山，步出沙窝门。臃肿百本树，

断续千丈垣。野庙包其中，蹒跚僧灌园。僮奴数十家，鸡犬自成村。青鞋踏晓露，小阁延朝暾。烹茶亦已熟，洗盏犹细扪。平生书画意，绝口不一言。江南渺音耗，不知君尚存。愿书千万幅，相与寄南辕。"其二《又赠牧山》："十日不能下一笔，闭门静坐秋萧瑟。忽然兴至风雨来，笔飞墨走精灵出。小草小虫意微妙，古石古云气奔逸。字作神禹钟鼎文，杂以蝌蚪点浓漆。怪迂荒幻性所锺，妥贴细腻学之谧。访君古树荒坟边，叶凋草硬霜凛栗。一醉十日亦不辞，芦沟归马催人疾。扬州老僧文思最念君，一纸寄之胜千镒。"

第一首回忆去沙窝门外造访图牧山的情景，然后又写相别数年，不知道他现在怎么样了，并说愿千里至书相问，思念情深。第二首则赞赏了图清格作画时的豪情，并说其能写出钟鼎文字，赞叹其字画为"小草小虫意微妙，古石古云气奔逸"，而且还回忆了与他一起出游的情景，亦见出二人的意气相投。此外，板桥还在《绝句二十一首》中写过图清格，其中有《图清格》一首曰："懒向人间作画师，朋游山下牧羊儿。崖前古庙新泥壁，墨竹临风写一枝。"

板桥在范县任县令时，曾经画石三幅，分别赠送给胶州高凤翰、燕京图清格、江南李鱓，并在画上题言："三人者，予石友也。昔人谓石可转而心不可转，试问画中之石尚可转乎？千里寄画，吾之心与石俱往矣。是日在朝城县，画毕尚有余墨，遂涂于县壁，作卧石一块，朝城讼简刑轻，有卧而理之之妙，故写此以示意，三君子闻之，亦知吾为吏之乐不苦也。"足以见图清格与板桥的交往之深。

### （三）音布

音布，字闻远，长白山人。自号双峰居士，工书嗜酒。音布

虽善书却往往不与人书，性情古怪，与板桥有些相似之处。他们相识的具体时间不见记载，据板桥的书信《寄音布》来看，他们相识应是在早年板桥入京之时。板桥在山东做官时，曾与音布有书信往来，但了解音布还得从板桥给音布写的诗中略见一二。音布死后，板桥曾给音布写过一首长歌，题目为《音布》，诗云："昔予老友音五哥，书法峭崛含阿那。笔锋下插九地裂，精气上与云霄摩。陶颜铸柳近欧薛，排黄砾蔡凌颠坡。墨汁长倾四五斗，残毫可载数骆驼。时时作草恣怪变，江翻龙怒鱼腾梭。与余饮酒意静重，讨论人物无偏颇。众人皆言酒失大，余执不信啧伪讹。大致萧萧足风范，细端琐碎宁为苛。乡里小儿得暴志，好论家世谈甲科。音生不顾辄嚏唾，至亲戚属相矛戈。逾老逾穷逾怫郁，屡颠屡仆成蹉跎。革去秀才充骑卒，老兵健校相遮罗。群呼先生拜于地，盆酒大肉排青莎。音生瞪目大欢笑，狂鲸一吸空千波。醉来索笔索纸墨，一挥百幅成江河。群争众夺若拱璧，无知反得珍爱多。昨遇老兵剧穷饿，颇以卖字温釜锅。谈及音生旧时事，顿足叹恨双涕沱。天与才人好花样，如此行状应不磨。嗟予作诗非写怨，前贤逝矣将如何！世上才华亦不尽，慎勿咤叱为么魔。此等自非公辅器，山林点缀云霞窝。泰岱嵩华自五岳，岂无别岭高嵯峨。大书卷帙告诸世，书罢茫茫发浩歌。"此诗语多悲壮之情，首先说音布书法刚健雄浑，并说其字"排黄砾蔡"，凌朔张旭、东坡，用了很多的比喻和夸张来凸显其非凡的技艺，甚至达到"群争众夺若拱璧"的地步。又述说了音布坎坷不平的遭遇，"逾老逾穷逾怫郁，屡颠屡仆成蹉跎"。从诗中可以看出音布具有落拓不羁的精神品格。板桥此诗也是对音布的哀悼，情到深处则"顿足叹恨双涕沱"。与板桥同时的诗人伊福纳，也写了一首长诗

来叹挽音布，有句云："西园宾客多隽雅，一一心折同下僚。相
赏独有板桥郑，酒场棋墅恒连镳。"可见音布的个性和板桥颇有相
似之处，二人也是意趣相投。

在板桥书信中，有一封《李氏园再答方超然》的信，信中说：
"老友长白音布，书法精妙，冠绝人寰。闻其学书之时，曾笑维摩面
壁，一心参领，越十二年而书法大妙，至于今日，声名卓越。"对音
布的书法大加赞扬。另外，又有《寄音布》的信，信中说："廿载
以来，每得兄赐书，言及功名身世，从未发一暖怨之词，哀伤之语，
固知兄素性放达，乐天知命，功名二字，未尝戚然于心胸，而自祈
其身也。……老哥书法文章，夕已有名，今日之困踬，安知非天之
有意成全？今日之放达，安知非他日成名之由？将来此身虽死，形
骸虽腐，骨殖虽朽，音布两个字必不会磨灭，书法文章，窃恐比今
日增光百倍也。"信中称其为老哥，可见其亲近，又充满了对音布的
赞扬。信中所言皆出自板桥肺腑，深厚且真诚，可见二人之间品味
相投、惺惺相惜的真挚友情。此外，板桥还给音布写有一首小诗：
"柳板棺材盖破祛，纸钱萧淡挂辆车。森罗未是无情地，或恐知人就
索书。"此诗写出了音布死时的穷困，写此诗的目的则是为了让后人
知道"名位不高，落拓不羁"的音布怀有绝技，而不至于失传。

## 四、雅雨山人

雅雨山人即卢见曾。卢见曾（1690—1768），字抱孙，号澹
园，室名雅雨堂，又号雅雨山人，山东德州人。康熙六十年
（1721）进士，曾任四川洪雅知县。后调江南，历任蒙城、六安知
县，庐州、江宁、颍州知府。乾隆二年（1737），授两淮盐运使，
驻扬州，次年因罪罢职流放。九年（1744）召回，十八年（1753）

复任两淮盐运使，二十七年（1762）告老还乡。后因两淮盐引案被捕，三十三年（1768）死于狱中。

卢见曾为人慷慨，且爱与名人雅士交游，喜欢招揽四方名士，他"人短而才长，身小而智大"，时人称其为"矮卢"，"主东南文坛，一时称为海内宗匠"，可见他在当时的江南是颇有影响力的。袁枚说："乾隆戊寅，卢雅雨转运扬州，一时名士，趋之如云。"当时板桥也是其中一个，据《扬州画舫录》载："郑燮……往来扬州，'有二十年前旧板桥'印章。与公（卢见曾）唱和甚多。"板桥在乾隆元年考中进士后，并没有得到一官半职，遂于乾隆二年（1737）返回扬州，恰巧此时卢见曾授两淮盐运使，两人相识，卢见曾招其宴饮，席间谈论诗文，大有相见恨晚之感。乾隆四年（1739），卢见曾被罢官，板桥有《送都转运卢公》律诗四首云：

扬州自古风流地，惟有当官不自怡。盐笈米囊销岁月，崖花涧鸟避旌旗。一从吏议三年谪，得赋淮南百首诗。昨把青鞋踏隋苑，壶浆献出野田儿。

清词颇似王摩诘，复以精华学杜陵。吟撼夜窗秋纸破，思凝塞涧晓星澄。楼头古瓦疏桐雨，墙外清歌画舫灯。历尽悲欢并喧寂，心丝袅入碧云层。

尘埃吹去又生尘，泪尽英雄为要津。世外烟霞负渔钓，胸中宠利愧君臣。去毛折项葫芦熟，豁齿蓬头婢仆真。两世君家有清德，即今风雅继先民。

何限鹓鸾供奉班，惭予引对又空还。旧诗烧尽重誊稿，破屋修成好住山。自写簪花教幼妇，闲拈玉笛引双鬟。吹嘘更不劳前辈，从此江南一梗顽。

诗中将自己的落破与卢见曾的贬官交织在一起，有"同是天涯沦落人"之感。对卢见曾更是赞扬了一番，说他的诗颇似王维，精华则学杜甫，而其风雅清德则继承其祖先。卢见曾贬官回来之后又到扬州与板桥相见，他的《扬州杂诗》之一曰："一代清华盛事饶，冶春高宴各分镳。风流间歇烟花在，又见诗人郑板桥。"此时板桥已经罢官。乾隆十八年（1753），卢见曾又一次出任两淮盐运使，并于二十二年（1757）仿效王士禛、孔尚任红桥修禊之旧事再一次主持红桥修禊，修禊即文人饮酒赋诗的集会，这可是一次庞大的盛举，当时名人如袁枚、厉鹗、金农等都曾与会，板桥也在其中。卢见曾作七律四首，有名句"十里画图新阆苑，二分明月旧扬州"，一时属和者达七千多人，编诗三百余卷，可见当时盛况。板桥有《和雅雨山人红桥修禊》四首，诗曰：

一线莎堤一叶舟，柳浓莺脆恣淹留。雨晴芍药弥江县，水长秦淮似蒋州。薄幸春光容易老，还延诗债几时酬？使君高唱凌颜谢，独立吴山顶上头。

年来修禊让今年，太液昆池在眼前。回起楼台回水曲，直铺金翠到山巅。花因露重留蝴蝶，笛怕春归恋画船。多谢西南新月挂，一钩清影暗中圆。

十里亭池一水通，俨开银钥日华东。逶迤碧草长杨道，静悄朱帘上苑风。天净有云皆锦绣，树深无雨亦溟蒙。甘泉羽猎应须赋，雅什先排禊帖中。

草头初日露华明，已有游船歌板声。词客关河千里至，使君风度百年清。青山骏马旌旗队，翠袖香车绣画城。十二红楼都倚醉，夜归疑听景阳更。

又有《再和卢雅雨四首》：

广陵三日放轻舟，渐老春光尚小留。才子新诗高白傅，故园名酒载青州。花因近席枝偏亚，人有凭阑句未酬。隔岸湔裙诸女伴，一时欣望尽回头。

莫以青年笑老年，老怀豪宕倍从前。张筵赌酒还通夕，策马登山直到巅。落日澄霞江外树，鲜鱼晚饭越中船。风光可乐须行乐，梅豆青青渐已圆。

别港朱桥面面通，画船西去又还东。曲而又曲邗沟水，温且微温上巳风。放鸭洲边烟漠漠，卖花声里雨濛濛。关心民瘼尤堪慰，麦垅青葱入望中。

新月微微一线明，唧山低树傍歌声。烟横碧落春星淡，露满宫楼夜气清。皂隶解吟笺上句，舆台沾醉柳边城。归途莫漫频吆喝，花漏东丁巳二更。

诗中记载了修禊的盛举，又不乏对卢见曾的诗作、风度的赞扬。此后，板桥还曾多次与卢见曾游红桥，并有诗词唱和。板桥曾在家书中说明他对酒席宴会之类的应酬之作的不屑。然而，那是因为他年轻气盛，到晚年之时，这种观念也有所改变，认为作诗比他好的人则"肯低首降服"，并且"见佳文爱之不肯释手，虽百读不厌"。他对卢见曾就是如此，就其给卢见曾的诗来看，也并非是应酬之作，可见他的和诗也是出自真情实感，充满了对卢见曾的感激与敬佩之情。板桥向他推荐傅雯给卢见曾写过一封信，信中感叹六十年来无人组织文宴活动这类风雅之事，如同广陵绝响，而卢则是六十年来第一人，信中极力称赞卢见曾云："天降我公，以硕德峻望，起而继之，且又居东南之胜地，掌财富之均输，书生面目，菩萨心肠，爱财如命，求贤若渴。宜海内文士，天下英奇，来归者如晨风之郁北林，龙鱼之趋薮泽也。"极尽夸赞之能事，亦见二人之交情。

## 五、随园老人

袁枚（1716—1797），字子才，号简斋，又号随园，晚年自称"随园老人"，浙江钱塘人，以诗出名，他在诗坛活跃四十余年，存诗四千余首，与赵翼、蒋士铨并称"乾隆三大家"，是性灵派的代表人物，著述有《小仓山房诗文集》《随园诗话》《随园尺牍》《子不语》《随园随笔》《随园食谱》等30余种。

袁枚二十四岁时便中了进士，并授翰林院庶吉士。二十七岁外调做官，曾任江浦、溧水、沭阳、江宁、上元等地知县，比较

有政绩，深得百姓爱戴。三十三岁时父亲亡故，遂辞官养母，在江宁（南京）购置隋氏废园，改名"随园"，此后便隐居于随园，过着闲适惬意的生活，其间从事诗文创作与著述，并吸引四方贤才俊士，奖掖后进，成为当时诗坛领袖，是性灵派的代表人物。他一生致力文学，其诗充满性灵之光。六十五岁以后，便游山玩水，优游卒岁，一直到八十二岁，终老随园。

板桥比袁枚大二十多岁，在诗歌方面都主张抒写性灵。袁枚当时反对格调派与肌理派的作诗风气，倡导诗歌应该抒写自身性灵的真情实感。而在这之前，与袁枚的诗歌主张相呼应的便是板桥，可以说板桥是性灵派的先声，他们的见解也多有相似之处，这也是他们后来能够交游的基础。板桥与袁枚的相识是在卢见曾主持红桥修禊之时，而据《随园诗话》记载，在此之前，他们从未见过面。在卢见曾的席间，板桥曾对袁枚说："天下虽然很大，而人才屈指不过数人。"可以看出板桥对袁枚的欣赏之意。板桥另有《赠袁枚》诗云："宝室美妇邻夸艳，君有奇才我不贫。"可见板桥对袁枚的夸赞，同时也肯定了自己。

板桥与袁枚之间曾有一件很有趣的事，据《随园诗话》记载，板桥在山东做官的时候，有人相传袁枚已死，板桥痛哭流涕，以足踏地。后来竟在杭州席间相遇，袁枚知道此事后，对此非常感慨，有赠板桥诗云："闻死误抛千点泪，论才不觉九州宽。"表达了他的感激之情。板桥在给朋友的一封信中也提到了这件事，信中说道："音书隔绝着数载，每念故人，辄萦魂梦。不谓今日坐堂甫罢，朵云忽从天外飞来，开缄快读，胸腹俱舒。笺尾别注一行曰：'钱塘袁枚死矣。'呜呼哀哉！只此六字，已另我神呆，心跳，目瞪，鼻酸，搓手，顿足。适接故人书而一喜，此际睹六字而大悲，袁枚其真死耶？我但觉天地昏暗，云日黯淡……燮与袁枚初无一面之雅，或一笺之通问，然读其诗，知其人奇才也。"信中所说袁枚之死属于误传，二十年后他们相遇于卢见曾的席间。而信中板桥说他们虽然从未谋面，但却神交已久，可见板桥对袁枚的钦羡之情。另外，袁枚在《小仓山房诗集》中有《投郑板桥明府》一诗也记载了这件事，其诗云："郑虔三绝闻名久，相见邗江意倍欢。遇晚共怜双鬓短，才难不觉九州宽。红桥酒影风灯乱，山左官声竹马寒。底事误传坡老死，费君老泪竟虚弹。"袁枚对板桥也有所评价，他说板桥工于时文（即八股文），擅长画画，作诗并非其所长，但如"月来满地水，云起一天山""五更上马披风露，晓月随人出树林""奴藏去志神先沮，鹤有饥容羽不修"等都是可以传颂的佳句。二人交往虽不多，但足见相惜之情。

　　以上，我们可以看出板桥的交游之多、之广，无论是贵族、贫民，还是禅宗尊宿都有来往。此外，板桥还与当时的许多名人交往，如与杭世骏、鄂尔泰、傅雯、伊福纳等人交往，从中我们也可以想见板桥的名士风度。

# 结　语

郑板桥对后世有着深远的影响，近代著名画家李祖年在他的《翰墨丛谭》中说："郑板桥以书画冠绝一时，人但见其奇姿，而不知初极工小楷也。曾同有书横帧小楷，极秀挺，大似率更，盖尚系应试时所作。后以其书法施之于画，遂成好手。曾知山东潍县，其判牍无论若干字，皆为人裁去，一时宝重若此。"对其书画、人品给予很高的评价。现代著名画家徐悲鸿先生也曾经慨叹道："板桥先生为中国近三百年来最卓绝人物之一，其思想奇、文奇，书画尤奇。观其诗文及书画，不但想见高致，而其寓仁慈于奇妙，尤为古今天才之难得者。"也给予板桥很高的评价。当代著名画家启功先生也说："二百数十年来，人无论男女，年无论老幼，地无论南北，今更推而广之，国无论东西，而不知郑板桥先生之名者，未之有也。"天南地北，男女老幼，无人不知，无人不晓，可见板桥已成了家喻户晓的人物。

郑板桥是"扬州八怪"的领军人物，无论是他的"三绝"诗、书、画，还是他的家书、词、《道情》，都给后人留下了深刻的印象。他以独特的人格魅力和书画创作著称于世，并且有"使酒骂

座，目无卿相"之举，是以得"狂"名于世。他的书法独具特色，自创的"六分半书"具有"乱石铺街""浪里插蒿"的艺术效果。他的绘画自出机杼，无论思想作风还是艺术格调都一反传统绘画观念，他"工画兰竹，兰叶用焦墨挥毫，以草书之中竖长撇法运之；画竹神似坡公，多不乱，少不疏，脱尽时习，秀劲绝伦"，因具有明显的叛逆性和独创性，是以得"怪"名于世。他的诗歌在当时的诗坛独树一格，成为"性灵派"的先声。其诗多反映下层民众的民生疾苦之作，并且勇于揭露当时社会现实的黑暗，其抒情之作则表现出了他磊落高尚的人格精神。他的词则受到其师陆震的影响，言语奇绝，慷慨激昂。陈廷焯评其词为"摆去羁缚"、其人为"词坛霹雳手"，并认为其词可以"药平庸""正纤冶"之病，成就斐然。他的家书具有儒家长者的风范，他的道情具有的摒弃尘俗的思想。在"扬州八怪"这一群体中，思想最活跃、个性最坦率直接的当属郑板桥。他"放言高谈，臧否人物，无所忌讳"的"狂怪"性格，在他做官与艺术创作的生涯中都随处流露、随处体现。

　　郑板桥的一生都充满着斗争性，虽然经历过生活上的贫苦，感受到追求仕途的彷徨，但是，他从没有消沉，而是以他独特的处世方式顽强地前行。今天我们了解了板桥这个"怪"人及他的创作，其中可贵之处，如果细细体味，似乎还有很多值得我们思考的地方，相信我们也应该能够从中受到益处。